Mit Rezepten um die Welt

HEISSE & KALTE GETRÄNKE

Meister Verlag GmbH

NHALT

HEISSE & KALTE GETRÄNKE AUS ALLER WELT

*Die Kunst, Cocktails zu mixen oder einen Punsch zu mischen, wird
oft unterschätzt. Auf das richtige Zutatenverhältnis kommt es an.
Hier finden Sie Rezepte für heiße Sommer- und kalte Wintertage.*

NORD- & MITTELEUROPA

Die Vielfalt an Getränken in
Nord- und Mitteleuropa ist fast
grenzenlos. Extra lang gereifter
Whisky aus Schottland und
Irland, Calvados und Cognac
aus Frankreich sorgen für Ab-
wechslung in der Hausbar und
bei der Zubereitung von eiskal-
ten Drinks und heißen »Seelen-
wärmern«. Lassen Sie sich über-
zeugen von Eisschokolade,
Apfelpunsch aus der Normandie, Feuerzangenbowle aus
Deutschland oder Irish Coffee.

AFRIKA & NAHER OSTEN

Je heißer das Klima, desto
wärmer das Getränk. Tatsächlich ist warmer Pfefferminztee
das Nationalgetränk in Marokko. Wichtig in Afrika und im
Nahen Osten sind die edlen
Gewürze. Sie verleihen den
Getränken ihre ganz spezielle
orientalische Geschmacksnote.

MITTEL- & SÜDAMERIKA

Samba, Reggae, Cha Cha – in
den Bars von Venezuela, Puerto
Rico und anderen Karibikstaa-
ten sorgen flotte Musik und
fruchtige Drinks für Stimmung
und eine Extraportion Lebens-
freude. Die mit Fruchtstücken

NEUE WELT

Viele berühmte Cocktails und
Drinks haben ihren Ursprung in
den Bars von Amerika und tra-
ten von hier aus ihren Sieges-
zug rund um die Welt an. Mit
viel Phantasie kreierte man die
unterschiedlichsten süßen und
gelegentlich pikanten Drinks.

MITTELMEERRAUM

Im Südwesten von Europa sind Drinks auf Weinbasis sehr beliebt. In Spanien macht man aus Rotwein, Orangen und Zitronen die erfrischend leichte Sangria. In Portugal werden auf der Basis von Portwein kräftige Cocktails geschüttelt.

ASIEN & FERNER OSTEN

Andere Länder, andere Drinks. In Asien gibt es sehr unterschiedliche Getränkespezialitäten. Die Japaner zelebrieren grünen Tee, die Inder zaubern köstliche Drinks aus Tropenfrüchten, und in Malaysia ist die Kokosnuß in Sachen Drinks Nummer eins. Auf alkoholische Zutaten wird meist verzichtet.

liebevoll dekorierten Cocktails werden meist auf der Basis von weißem oder braunem Rum gemixt. Das Zuckerrohrdestillat von den Antillen hat Barkeeper in der ganzen Welt immer wieder zu Cocktails inspiriert.

OSTEUROPA

In Rußland sind Getränke eine Frage der Tradition. Schon im vorigen Jahrhundert diskutierte man die Übernahme von Bier aus dem Westen. Doch die slawischen Sitten setzten sich durch, so daß Honigtrank und Kwass Nationalgetränk blieben.

ℛÜHLER MELONENTRAUM

KOLUMBIEN

An heißen Sommertagen kommt dieser köstliche alkoholfreie Durststiller wie gerufen. Dreierlei Melonen und frische Minze sorgen für geschmackliche und farbliche Überraschungen.

ZUTATEN
(Für 6 Portionen)

- etwa 500 g Honigmelone
- etwa 450 g Kantalup-melone
- etwa 750 g Wassermelone
- 4 Minzezweige
- 2 EL brauner Zucker
- 5 EL Zitronensaft
- 5 Tropfen Angostura
- 2 EL Grenadinesirup
- 18 Eiswürfel
- 600 ml kaltes Tonic Water (siehe Zutatentip)

FÜR DIE GARNITUR
- einige Minzeblättchen
- Scheiben und Spalten von 1 unbehandelten Zitrone
- bunte Strohhalme

ZUTATENTIP
Sie können statt des Tonic Waters auch gut vorgekühltes kohlensäurehaltiges Mineralwasser verwenden.

1 Von der Honig- und der Kantalupmelone einen wellen- oder zackenförmigen Deckel herausschneiden (siehe Zubereitungstip). Dann die Kerne entfernen und das Fruchtfleisch herauslösen. Aus der Wassermelone von oben eine Spalte herausschneiden und das Fruchtfleisch mit einem Messer von der Schale lösen. Den Rand der Wassermelone zackenförmig einschneiden. Das Fruchtfleisch aus der Melone herauslösen und die Kerne entfernen. Die Minze abbrausen und hacken.

2 Das Fruchtfleisch der Melonen in verschiedenen Schüsseln mit dem Stabmixer grob zerkleinern. Das Fruchtfleisch der Kantalupmelone mit je 1 EL Zucker und Zitronensaft vermischen. Das Fruchtfleisch der Honigmelone mit 1 EL Zucker, 1 EL Zitronensaft und dem Angostura vermischen. Das Fruchtfleisch der Wassermelone mit dem Grenadine, 3 EL Zitronensaft und der Minze vermischen.

3 Die Eiswürfel in einer Eismühle zerkleinern (siehe Zubereitungstip), auf die Melonen verteilen und die passende Melonenmischung darübergeben. Jeweils mit Tonic Water aufgießen und mit Strohhalmen, Zitrone oder Minze dekoriert servieren.

Schritt 1

Schritt 2

Schritt 2

Zubereiten **40** Min.
Pro Portion: 200 kcal/837 kJ;
2 g EW; 0 g F; 48 g KH

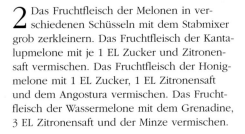

TYPISCH KOLUMBIANISCH
Die Obst- und Gemüsestände in Kolumbien gehören dort zum gewohnten Straßenbild und versorgen die Einwohner mit den frischesten Zutaten für landesübliche Speisen und Getränke. Aufgrund der großen Auswahl an Melonensorten sind eisgekühlte Melonendrinks, mit oder ohne Alkohol, dort sehr beliebt.

ZUBEREITUNGSTIP

• Wird die Zeit zu knapp, bevor die Gäste kommen, dann können Sie die Drinks statt in den ausgehöhlten Melonen auch in Cocktailgläsern servieren.

• Wenn Sie keine Eismühle besitzen, dann wickeln Sie die Eiswürfel einfach in ein Küchentuch und zertrümmern sie anschließend mit einem Nudelholz.

SERVIERTIP

Bunte Fruchtspießchen mit Erdbeer-, Bananen-, Kiwi- und Ananasstückchen ergänzen diesen Cocktail auf das Köstlichste. Die fertigen Spieße mit Zitronensaft und Rum beträufeln und, in eine halbierte rosa Grapefruit gesteckt, auf einem Teller anrichten.

7

SERVIERTIP Besonders gut schmeckt zu diesem Cocktail frisches Kokosnußfleisch. Dafür das Kokos-nußfleisch in Stücke schneiden und auf einem exotischen Blatt mit einigen Blüten dekorativ anrichten.

$\mathcal{P}$IÑA COLADA

KARIBIK

Herrlich erfrischend und wunderbar cremig ist der berühmte Rumdrink aus der Karibik. Träumen Sie beim Aroma von Ananas und Kokoscreme von Sandstränden unter Palmen.

ZUTATEN
(Für 4 Portionen)

- 1 frische Ananas (etwa 800 g; siehe Zutatentip)
- 20 Eiswürfel
- 160 g Kokoscreme (aus der Dose)
- 240 ml weißer Rum

FÜR DIE GARNITUR
- ½ Babyananas
- 6 Cocktailkirschen
- 2 ungespritzte Gladiolenblüten
- 2 Cocktailspieße

ZUTATENTIP

Sollte es keine reife Ananas bei Ihrem Obsthändler geben, können Sie statt dessen 400 ml Ananassaft nehmen.

1 Im Tiefkühlfach 4 Longdrinkgläser vorkühlen. Die Ananas vierteln, schälen und den Strunk herausschneiden. Dann das Fruchtfleisch in grobe Stücke schneiden.

2 Die Eiswürfel in einem elektrischen Mixer mit Spezialmessereinsatz zerkleinern oder in ein Küchentuch einwickeln und mit einem Nudelholz zertrümmern.

3 Die Gläser bis zur Hälfte mit dem Eis auffüllen. Die Ananas mit dem Stabmixer fein pürieren. Dann die Kokoscreme und den Rum dazugeben und alles cremig schlagen. Die Ananasmischung auf die Gläser verteilen und mit einem langen Löffel gut umrühren.

4 Die Babyananas vierteln und einschneiden. Jeweils eine Kirsche mit einer Blüte auf einen Cocktailspieß stecken. Als Garnitur entweder eine Ananas an den Glasrand stecken und 2 Cocktailkirschen ins Glas geben oder die Spieße quer über das Glas legen.

Schritt 1

Schritt 2

Schritt 4

Zubereiten **20** Min.
Pro Portion: 295 kcal/1235 kJ;
1 g EW; 2 g F; 30 g KH

TYPISCH PUERTORICANISCH
Macht man in Puerto Rico Urlaub, dann ist es fast ein Muß, in einer der zahlreichen Bars einen exotischen Cocktail zu sich zu nehmen. Einer der berühmtesten Rum-Cocktails, der in der Inselhauptstadt San Juan erstmals 1948 ausgeschenkt wurde, ist die Piña Colada.

CUBA-LIBRE-VARIATIONEN

KARIBIK

Der weltbekannte Longdrink mit eisgekühlter Cola und Rum oder Whisky regt auf angenehme Art den Kreislauf an und schmeckt, dank des Zitronensaftes, wunderbar erfrischend.

ZUTATEN
(Für 3 Portionen)

- 9 Eiswürfel
- 6 EL Zitronensaft
- 600 ml eiskaltes Cola-Getränk

CUBA LIBRE »KLASSIK«

- Schale von ½ unbehandelten Zitrone
- 4 EL weißer Rum
- 2 Strohhalme

CUBA LIBRE »ESPAÑA«

- Schale von ½ unbehandelten Orange
- 2 EL Cream-Sherry
- 1 EL weißer Rum
- 1 EL brauner Rum

CUBA LIBRE »SUPREME«

- 4 EL Whisky
- 1 unbehandelte Limettenscheibe

1 Im Tiefkühlfach 3 Gläser vorkühlen. Für den Cuba Libre »Klassik« die Zitrone heiß waschen, trockenreiben und die Schale spiralförmig abschälen (siehe Zubereitungstip). 3 Eiswürfel, den Rum und 2 EL Zitronensaft in ein Glas geben und umrühren. Mit 200 ml Cola-Getränk auffüllen. Das Glas mit der Schale und den Strohhalmen dekorieren.

Schritt 1

2 Für den Cuba Libre »España« die Orange heiß waschen, trockenreiben und die Schale mit einem kleinen scharfen Messer spiralförmig abschälen. 3 Eiswürfel, 2 EL Zitronensaft, den Sherry und beide Rumsorten in ein Glas geben und umrühren. Mit 200 ml Cola-Getränk aufgießen. Das Glas mit der Orangenschale dekorieren.

Schritt 2

3 Für den Cuba Libre »Supreme« 3 Eiswürfel, 2 EL Zitronensaft und den Whisky in ein Glas geben und umrühren. Mit 200 ml Cola-Getränk aufgießen. Das Glas mit der Limettenscheibe dekorieren.

Schritt 3

Zubereiten **10** Min.
Pro Portion: 205 kcal/860 kJ;
0 g EW; 0 g F; 29 g KH

TYPISCH KUBANISCH
Havanna, die Hauptstadt Kubas, ist nicht nur bekannt für ihre berühmten Zigarren, sondern auch für ihre legendären Drinks. In der Lieblingsbar Hemmingways wird heute noch sein Spezialgetränk, der »Mojito«, aus frischer Pfefferminze, kubanischem Rum, Rohrzucker und Limetten, originalgetreu zubereitet.

ZUBEREITUNGSTIP
• Sollten Sie keine unbehandelte Zitrone, Orange und Limette haben, dann markieren Sie die Getränke zum Auseinanderhalten mit verschiedenfarbigen Strohhalmen oder servieren sie in unterschiedlichen Gläsern.
• Für eine größere Anzahl Drinks müssen Sie die Zutatenmenge einfach entsprechend vervielfachen.

SERVIERTIP
Reichen Sie Ihren Gästen dazu selbstgemachte Bananenchips. Dafür 4-5 Bananen in 1 cm dicke Scheiben schneiden, 15 Minuten in Eiswasser legen. Fett in einer Pfanne erhitzen, die Scheiben darin fritieren, auf Küchenpapier abtropfen lassen und servieren.

KAKAODRINK AUS BAHIA

»Moça Bonita« – hübsches Mädchen – nennen die Brasilianer diesen nahrhaften Drink. Er hat es in sich, denn außer Milch und Schokolade enthält der Cocktail auch Zuckerrohrschnaps.

ZUTATEN
(Für 4 Portionen)

- 200 g Zartbitterschokolade
- 800 ml Milch (3,5 % Fett)
- 4 TL Zucker
- 4 EL Kakaolikör
- 80 ml Cachaça
  (siehe Zutatentip)
- 4 Kugeln cremiges
  Schokoladeneis
- 4 Eiswürfel

FÜR DIE GARNITUR
- ½ Karambole
- 4 TL Schokoladenborken

ZUTATENTIP

Cachaça, ein brasilianischer Zuckerrohrschnaps, bekommen Sie in gutsortierten Spirituosenabteilungen. Sie können ihn aber auch durch braunen Rum ersetzen.

1 Die Zartbitterschokolade auf einem Brett mit einem großen Messer grob zerkleinern (siehe Zubereitungstip). Die Hälfte der Milch in einem Topf erwärmen. Die Schokoladenstückchen unterrühren und schmelzen lassen. Dann den Zucker und die restliche Milch untermischen. Die Kakaomilch vom Herd nehmen und abkühlen lassen. Dann zugedeckt 2 Stunden in den Kühlschrank stellen.

Schritt 1

2 Die Kakaomilch kurz umrühren. Dann zusammen mit dem Kakaolikör, dem Cachaça und der Eiscreme in einen hohen Rührbecher füllen und mit den Schneebesen des Handrührgeräts schaumig schlagen.

Schritt 1

3 Die Karambole waschen, trockentupfen, in Scheiben schneiden und einschneiden. Dann die Eiswürfel in 4 hohe Gläser geben, mit der Kakaomilch auffüllen und mit den Schokoladenborken garnieren. Die Karambolescheiben an den Glasrand stecken. Das Getränk sofort servieren.

Schritt 3

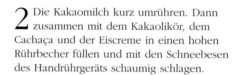

Zubereiten **10** Min
Kühlen **2** Std. **30** Min.
Pro Portion: 605 kcal/2530 kJ;
13 g EW; 29 g F; 52 g KH

TYPISCH BRASILIANISCH
Das Hauptanbaugebiet für Kakao liegt im Süden Brasiliens, in Bahia. Die Früchte des Kakaobaumes werden etwa 25 cm lang. Im Innern der Frucht befinden sich die Kakaobohnen, aus denen man Kakaopulver und -butter herstellt, die Basis von Schokoladendrinks und anderen Schokoköstlichkeiten.

ZUBEREITUNGSTIP

Sollten Sie wenig Zeit haben, dann bereiten Sie die
Kakaomilch statt mit Zartbitterschokolade mit Instant-
kakaopulver zu. Achten Sie beim Kauf darauf, daß das
Kakaopulver mit kalter Milch angerührt werden kann.
Den angegebenen Zucker im Rezept dafür weglassen,
denn Instantkakaopulver enthält reichlich davon.

SERVIERTIP

In Brasilien reicht man gerne geröstete
Cashewnüsse zum Drink. Dafür die
Nüsse in einer beschichteten Pfanne
ohne Fett rösten. Nach Belieben mit etwas Zimtzucker oder scharfem Paprikapulver bestreuen und
noch warm, in kleine Schälchen gefüllt, servieren.

ℳARGARITA-VARIANTEN

Mögen Sie es gleichzeitig sauer und salzig? Dann probieren Sie diesen außergewöhnlichen Cocktail-Klassiker. Die süße und fruchtige Variante wird mit frischen Erdbeeren zubereitet.

ZUTATEN
(Für je 2 Portionen)

MARGARITA KLASSISCH
- 3 TL Salz
- ¼ Zitrone
- 8 Eiswürfel
- 8 EL weißer Tequila
- 4 EL Limettensaft
- 4 EL Orangenlikör

ERDBEER-MARGARITA
- 10 Erdbeeren (siehe Zutatentip)
- 4 EL Zitronensaft
- 4 EL Orangenlikör
- 8 EL brauner Tequila
- 3 TL Zucker
- ¼ Zitrone
- 8 Eiswürfel

ZUTATENTIP

Gibt es aufgrund der Jahreszeit keine frischen Erdbeeren zu kaufen, dann nehmen Sie statt dessen dieselbe Menge tiefgefrorene Erdbeeren.

1 Für den klassischen Margarita das Salz auf einen Teller geben. Dann den Rand von 2 Cocktailgläsern mit der Zitrone befeuchten. Die Glasränder in das Salz drücken und drehen, dann das überschüssige Salz abklopfen.

2 Die Eiswürfel in einen Shaker geben. Den Tequila, den Limettensaft und den Orangenlikör dazugießen. Alle Zutaten im Shaker 10 Sekunden kräftig schütteln. Dann den Inhalt durch ein Barsieb in die Gläser gießen.

3 Für den Erdbeer-Margarita die Erdbeeren waschen und putzen. Den Zitronensaft, den Orangenlikör, den braunen Tequila und 8 Erdbeeren mit dem Stabmixer pürieren. Den Zucker auf einen Teller geben. Dann den Rand von 2 Cocktailgläsern mit der Zitrone befeuchten. Die Glasränder in den Zucker drücken und drehen, dann den überschüssigen Zucker abklopfen.

4 Die Eiswürfel in den Shaker geben und die Erdbeermischung darübergießen. Alle Zutaten 10 Sekunden schütteln. Dann den Inhalt durch ein Barsieb in die vorbereiteten Gläser gießen. Die 2 übrigen Erdbeeren einschneiden und an die Glasränder stecken.

Schritt 1

Schritt 3

Schritt 4

Zubereiten **15** Min.
Pro Portion: 175 kcal/735 kJ;
0 g EW; 0 g Fett; 4 g KH

TYPISCH MEXIKANISCH

Was haben die Hüte dieser jungen Mexikaner und Tequila gemeinsam? Beide haben ihren Ursprung in der Agave. Die Hüte stellt man aus den Pflanzenfasern her. Der Tequila wird aus dem vergorenen Saft der subtropischen Pflanze destilliert. Er ist Mexikos Nationalgetränk und wird in vielen Mix-Variationen serviert.

ZUBEREITUNGSTIP

Falls Sie weder Shaker noch ein spezielles Barsieb besitzen, dann geben Sie alle Zutaten für die Cocktails zum Schütteln in ein entsprechend großes Glas mit Schraubdeckel. Gießen Sie dann nach dem Schütteln die Margaritas durch ein dünnmaschiges Haushaltssieb in die vorbereiteten Cocktailgläser.

SERVIERTIP

Besonders gut passen zu diesen Cocktails gewürzte Avocados. Dafür 2 Avocados schälen, halbieren, den Kern entfernen und in dünne Spalten schneiden. Auf einem Teller fächerförmig anrichten, mit etwas Zitronensaft beträufeln und mit Chilipulver würzen.

15

TROPISCHE COCKTAILS 3 x ANDERS

Süß, fruchtig und exotisch – die coolen Drinks aus den heißen Zonen dieser Erde verzaubern den Abend. Mixen Sie doch mit!

MARACUJA SUNRISE

Zubereiten **15** Min.

BRASILIEN

(FÜR 4 PORTIONEN)
- 1 EL Kokosraspel
- ¼ Zitrone
- 12 Eiswürfel
- 160 ml Cachaça
- 4 EL Zitronensaft
- 4 EL Kokosnußlikör
- 300 ml Maracujasaft
- 300 ml Orangensaft
- 4 EL Grenadinesirup

FÜR DIE GARNITUR
- 4 Orangenscheiben von
  1 unbehandelten Orange

1 Die Kokosraspel auf einen kleinen Teller geben. Den Glasrand von 4 Cocktailgläsern mit der Zitrone befeuchten. Die Glasränder in die Kokosraspel drücken. Dann überschüssige Raspel abklopfen.

2 In jedes Glas 3 Eiswürfel geben. Den Cachaça, den Zitronensaft, den Kokosnußlikör, den Maracujasaft und den Orangensaft vermischen und auf die Gläser verteilen.

3 In jeden Cocktail 1 EL Grenadinesirup am Glasrand hineingleiten lassen. Dann vorsichtig umrühren, damit sich der rote Sirup leicht nach oben hin verteilt. Die Orangenscheiben einschneiden und an die Glasränder stecken. Die Drinks mit Strohhalmen servieren.

DAIQUIRI

Zubereiten

KUBA

(FÜR 6 PORTIONEN)
GRUNDREZEPT
- 18 Eiswürfel
- 300 ml weißer Rum
- 180 ml Limettensaft
- 12 EL Zuckersirup

ZUSÄTZLICH FÜR
2 MANGO-DAIQUIRIS
- 1 Mango
- 2 Minzeblättchen

ZUSÄTZLICH FÜR
2 BANANEN-DAIQUIRIS
- 1 Banane
- 2 Cocktailkirschen

1 Cocktailschalen vorkühlen. Für den klassischen Daiquiri ⅓ aller Grundzutaten in einen

BULA TALEI

Zubereiten **10** Min.

FIDSCHI-INSELN

(FÜR 4 PORTIONEN)
- 20 Eiswürfel
- 160 ml brauner Rum
- 160 ml Maracujasirup
- 4 EL Zitronensaft
- 4 EL Zuckersirup

FÜR DIE GARNITUR
- 4 ungespritzte Blüten,
  z. B. Bougainvilleas oder
  Orchideen

1 In einer Eismühle 12 Eiswürfel grob zerkleinern oder die Eiswürfel in ein Küchentuch wickeln und mit einem Nudelholz zertrümmern. Dann das Eis auf 4 Longdrinkgläser verteilen und die Gläser in das Tiefkühlfach stellen.

2 Die restlichen Eiswürfel in einen Shaker geben und mit 80 ml Rum, 80 ml Maracujasirup, 2 EL Zitronensaft und 2 EL Zuckersirup aufgießen. Alle Zutaten etwa 10 Sekunden schütteln. Den Inhalt durch ein Sieb in 2 Gläser gießen.

3 Für die 2 weiteren Drinks den Vorgang mit den restlichen Zutaten wiederholen. Alle 4 Longdrinkgläser mit den Blüten dekoriert servieren.

VARIATIONEN

5 Min.

Shaker geben und 10 Sekunden schütteln. Den Inhalt durch ein Sieb in 2 Gläser gießen.

2 Für den Mango-Daiquiri die Mango schälen, den Kern entfernen und das Fruchtfleisch im Mixer pürieren. Mit ⅓ der Grundzutaten im Shaker schütteln, durch ein Sieb in 2 Gläser gießen und mit den Minzeblättchen dekoriert servieren.

3 Für den Bananen-Daiquiri die Banane schälen. Das Fruchtfleisch im Mixer pürieren. Mit ⅓ der Grundzutaten im Shaker schütteln, durch ein Sieb in 2 Gläser gießen und mit den Cocktailkirschen dekorieren.

ᴛOMATEN-MIX »BLOODY MARY«

USA

ZUTATEN
(Für 4 Portionen)

- 12 Eiswürfel
- 200 ml Wodka
  (siehe Zutatentip)
- 4 EL Zitronensaft
- 4 Prisen schwarzer Pfeffer
- 4 Prisen Selleriesalz
- 12 Spritzer Tabasco-Sauce
- 12 Spritzer Worcestersauce
- ½ l Tomatensaft

FÜR DIE GARNITUR
- 4 Stangen Sellerie
  mit Blättern

ZUTATENTIP
Statt mit Wodka schmeckt der Cocktail auch mit braunem Tequila. Dann wird er aber »Deadly Mary« genannt.

Eine aufregende Mischung aus Tomatensaft und Wodka, die pikant abgeschmeckt wird und im Handumdrehen fertig ist. Dieser legendäre Gemüse-Mix hat Anhänger rund um die Welt.

1 Die Eiswürfel auf 4 Longdrinkgläser verteilen. In jedes Glas 50 ml Wodka und 1 EL Zitronensaft geben. Mit dem Pfeffer und dem Selleriesalz bestäuben und mit jeweils 3 Spritzern Tabasco (siehe Zubereitungstip) und Worcestersauce beträufeln.

2 Jedes Glas mit ⅛ l Tomatensaft aufgießen (siehe Zubereitungstip). Dann den Drink mit einem speziellen Barquirl, einem Strohhalm oder einem langen Löffel durchrühren.

3 Für die Garnitur den Sellerie abbrausen, trockenschütteln und putzen. Dann die Stangen der Länge nach einschneiden und jeweils an den Glasrand stecken.

4 Die fertigen Tomatendrinks mit einem langen Barlöffel oder einem Strohhalm sofort servieren, so kann je nach Bedarf nochmals umgerührt werden.

Schritt 1

Schritt 2

Schritt 3

Zubereiten **10** Min.
Pro Portion: 150 kcal/625 kJ;
1 g EW; 0 g F; 5 g KH

TYPISCH AMERIKANISCH
Bars und Longdrinks gehören zu Amerika wie Straßenkreuzer und Barbecue. Auch der Cocktail »Bloody Mary« eroberte von einer amerikanischen Bar aus die Welt. Der Erfinder des Tomatendrinks ist F. Petiot, ein Barkeeper aus Paris. Er leitete in den dreißiger Jahren die berühmte Bar des »St. Regis«-Hotels in New York.

ZUBEREITUNGSTIP

• Wer das Getränk schärfer gewürzt haben möchte, der gibt zusätzlich noch einige Spritzer Tabasco dazu.

• Falls Sie diesen Tomatencocktail etwas dünnflüssiger zubereiten möchten, dann nehmen Sie nur die Hälfte der angegebenen Tomatensaftmenge und ersetzen die andere Hälfte durch kalte Gemüsebrühe.

SERVIERTIP

Am besten passen zu diesem Cocktail kleine Appetithappen, wie zum Beispiel Toastbrot mit Crème fraîche und Kaviar, mit Paprika gefüllte grüne Oliven sowie kleine Tomaten, gefüllt mit einer würzigen Frischkäsecreme und mit Schnittlauch dekoriert.

SERVIERTIP Dazu paßt besonders gut ein Schoko-
ladenkastenkuchen. Diesen in dicke Scheiben, dann in
Würfel schneiden. Die Stücke zur Hälfte mit weißer
Schokolade und mit Vollmilchschokolade überziehen.

MAI TAI AUS HAWAII

USA

Die fruchtige Säure der Limette, die Süße des Sirups, der feine Hauch von Bittermandel und Orange sowie der kräftige Geschmack von Rum harmonieren bei diesem Klassiker perfekt.

ZUTATEN
(Für 4 Portionen)

- 34 Eiswürfel
- 4 EL Zuckersirup
- 4 EL Mandelsirup (siehe Zutatentip)
- 80 ml Orangenlikör
- 160 ml Limettensaft
- 240 ml brauner Rum

FÜR DIE GARNITUR

- 4 Stücke Ananas aus der Dose
- 1 Limette
- 4 Cocktailkirschen
- 4 Zweige Minze
- 4 Cocktailspieße
- 4 Strohhalme

ZUTATENTIP

Wenn Sie keinen Mandelsirup haben, können Sie statt dessen Mandellikör verwenden.

1 In einem elektrischen Mixer mit Spezialmesser 24 Eiswürfel zerkleinern oder die Eiswürfel in ein Küchentuch wickeln und mit einem Fleischklopfer zertrümmern. Das Eis auf 4 Longdrinkgläser verteilen, kühl stellen.

2 In einen Shaker 5 Eiswürfel geben und mit 2 EL Zuckersirup, 2 EL Mandelsirup, 40 ml Orangenlikör, 80 ml Limettensaft und 120 ml Rum auffüllen. Alle Zutaten 10 Sekunden kräftig schütteln. Den Inhalt durch ein Barsieb in 2 Gläser gießen. Den Vorgang mit den übrigen Zutaten für die 2 weiteren Cocktails wiederholen.

3 Für die Garnitur die Ananasstücke einschneiden und an die Glasränder stecken. Die Limette vierteln und jeweils 1 Limettenviertel mit 1 Kirsche und 1 Minzezweig auf einen Cocktailspieß stecken. Dann die Spieße in das Ananasstück stecken. Die Cocktails mit Strohhalmen sofort servieren.

Schritt 1

Schritt 2

Schritt 3

Zubereiten **15** Min.
Pro Portion: 260 kcal/1095 kJ;
0 g EW; 0 g F; 18 g KH

TYPISCH HAWAII

Der Rumdrink der Südsee ist das Nationalgetränk des Insel-Archipels mit den sagenhaften Sandstränden und den stimmungsvollen Bars. Den allerersten Mai Tai gab es allerdings in Kalifornien, kreiert von Vic Bergeron, dem Gründer der Restaurantkette »Vic's Trader«.

TAHITI-FRUCHTCOCKTAIL

TAHITI

Weißer Rum, Kokosnuß und Fruchtsäfte lassen sich rasch zu einem verführerischen exotischen Cocktail mischen. Träumen Sie von Sonne, Strand und Urlaub, wenn Sie ihn genießen.

ZUTATEN
(Für 4 Portionen)

- 4 EL getrocknete Kokosraspel
- 1 Eiweiß
- 6-8 Orangen (etwa 300 ml)
- 2-4 Zitronen (etwa 60 ml)
- 12 Eiswürfel
- 300 ml Ananassaft
- 2 EL Ahornsirup
- 6 EL weißer Rum
- 80 ml Kokoscreme (aus der Dose; siehe Zutatentip)

FÜR DIE GARNITUR
- 4 Holzspießchen
- 8 Cocktailkirschen

ZUTATENTIP
Kokoscreme bekommen Sie in Feinkostläden. Sie können die Creme aber auch durch Kokossaft (siehe Zubereitungstip) verwenden.

1 Die Kokosraspel auf einem Teller verteilen. Das Eiweiß in einen Suppenteller geben und mit einem Schneebesen leicht anschlagen. Die Cocktailgläser zuerst in das Eiweiß, dann in die Kokosraspel drücken.

2 Eine Orange halbieren, 4 dünne Scheiben abschneiden und diese bis zur Mitte einschneiden. Auf 4 Holzspießchen je eine Cocktailkirsche, dann eine Orangenscheibe, an beiden offenen Enden, und wieder eine Cocktailkirsche spießen. Die restlichen Orangen und Zitronen auspressen.

3 Die Eiswürfel in einer Eismühle zerkleinern oder in eine Plastiktüte geben, gut zudrehen und mit einem schweren Gegenstand grob zertrümmern. Das zerstoßene Eis auf die Gläser verteilen.

4 Den Ananassaft mit dem Orangensaft, dem Zitronensaft, dem Ahornsirup, dem Rum und der Kokoscreme in einen Shaker geben. Alle Zutaten gut schütteln, in die Cocktailgläser gießen und die Spieße quer über den Glasrand legen.

Schritt 1

Schritt 2

Schritt 3

Zubereiten **15** Min.
Pro Portion: 260 kcal/1100 kJ;
3 g EW; 2 g F; 53 g KH

TYPISCH TAHITI
Die weißen Sandstrände und das azurblaue Meer der Polynesischen Inseln haben Eingeborene wie Urlauber schon immer in ihren Bann gezogen. Tahiti, für viele der Inbegriff eines landschaftlich vollkommenen Urlaubsziels, verwöhnt seine Besucher zusätzlich mit den köstlichsten Cocktails aus Früchten und Rum.

ZUBEREITUNGSTIP

Kokossaft können Sie auch leicht selbst herstellen. Dafür 100 g frische oder getrocknete Kokosraspel in 200 ml Wasser zum Kochen bringen und alles einmal aufkochen lassen. Dann die Flüssigkeit durch ein Sieb in eine Schüssel gießen und die Raspel mit einem Kochlöffel ausdrücken. Den Saft mit Zucker süßen.

SERVIERTIP

Reichen Sie dazu einen Ananas-Kokos-Kuchen. Dafür 125 g Butter schaumig rühren. 2 Eier, 175 g Zucker, 100 g Kokosraspel, 400 g Mehl und ¼ l Milch unterrühren. Mit Ananasscheiben belegen und im Ofen bei 180 °C etwa 60 Minuten backen.

ℐNDONESISCHER AVOCADO-DRINK

INDONESIEN

ZUTATEN
(Für 4 Portionen)

- 2 reife Avocados
- 6 EL Zitronensaft
- 80 ml weißer Rum
  (siehe Zutatentip)
- 4 EL Kokoscreme
  (aus der Dose)
- 600 ml eiskalte Milch
- 12 Eiswürfel

FÜR DIE GARNITUR
- 1 unbehandelte Zitrone
- 8 Litschis (aus der Dose)
- 10 ungespritzte Blüten
- 4 Holzspieße

ZUTATENTIP
Für eine alkoholfreie Variante
den Rum einfach weglassen
und 1 TL Honig dazugeben.

*Diese cremig-milde Avocadomilch schmeckt nicht nur ausge-
zeichnet, sondern sättigt auch und ist besonders an heißen
Tagen eine köstliche Zwischenmahlzeit in flüssiger Form.*

1 Im Tiefkühlfach 4 Gläser vorkühlen. Die
Avocados halbieren und die Kerne mit
einem spitzen Messer entfernen. Dann das
Fruchtfleisch mit einem Löffel aus der Schale
heben und mit dem Zitronensaft beträufeln.

2 Das Avocadofruchtfleisch in ein hohes
Gefäß geben und mit dem Stabmixer fein
pürieren (siehe Zubereitungstip). Dann den
Rum, die Kokoscreme und die Milch dazu-
gießen und alle Zutaten mit einem großen
Schneebesen gut verquirlen.

3 Die Zitrone heiß waschen, trockenreiben
und 8 dünne Scheiben abschneiden. Für
die Garnitur jeweils 2 Zitronenscheiben mit
1 Litschi und 3-4 Blüten auf die Holzspieße
stecken. In jedes Glas 3 Eiswürfel geben und
die Avocadomilch darübergießen. Die Spieße
quer über den Glasrand legen.

Schritt 1

Schritt 2

Schritt 3

Zubereiten **15** Min.
Pro Portion: 315 kcal/1310 kJ;
6 g EW; 19 g F; 15 g KH

TYPISCH INDONESISCH
Die Heimat der Avocado liegt in den Wäldern
Mittelamerikas. Erst in der Mitte des 19. Jahr-
hunderts gelangte sie nach Asien. In Indonesi-
en erfreut sich die »Butter des Waldes«, wie sie
auch genannt wird, außerordentlicher Beliebt-
heit. Hier kombiniert man die Avocado gerne
mit Tropenfrüchten, wie der Kokosnuß.

ZUBEREITUNGSTIP

Wenn Sie keinen Stabmixer haben, dann zerdrücken Sie das Avocadofruchtfleisch mit einer Gabel, beträufeln es mit Zitronensaft und schlagen es zusammen mit dem Rum und der Kokoscreme mit den Schneebesen des Handrührgeräts schaumig. Zum Schluß die eiskalte Milch unter das Avocadopüree rühren.

SERVIERTIP

Als Knabberei zu diesem Getränk paßt »Krupuk«. Diese Krabbenchips können Sie bereits fertig gebacken in Asienläden kaufen. Die knusprigen Chips können Sie noch mit etwas Cayennepulver würzen oder mit einem Erdnußdip anbieten.

COCONUT DREAM

MALAYSIA

Sie mögen Kokos? Dann ist dieser Tropentrank aus Kokoscreme, Sahne und Fruchtsäften die ideale Kombination für Sie. Er ist ohne Alkohol und schmeckt traumhaft köstlich.

ZUTATEN
(Für 4 Portionen)

- 16 Eiswürfel
- 4 Orangen
- 120 g Kokoscreme (aus der Dose)
- 120 g Schlagsahne
- 300 ml Ananassaft
- 4 EL Zitronensaft
- 4 TL Mangosirup (siehe Zutatentip)

FÜR DIE GARNITUR
- 4 Ananasstücke (frisch oder aus der Dose)
- 4 Minzeblättchen
- 4 Holzzahnstocher

ZUTATENTIP

Statt Mangosirup können Sie auch Maracuja- oder Grenadinesirup verwenden.

1 Die Eiswürfel in einer Eismühle grob zerkleinern oder in ein Küchentuch wickeln und mit einem Fleischklopfer zertrümmern. Dann das Eis auf 4 Longdrinkgläser verteilen und die Gläser in das Tiefkühlfach stellen.

2 Die Orangen halbieren und den Saft auspressen. Die Kokoscreme und die Sahne im Mixer oder mit den Schneebesen des Handrührgeräts gut vermischen. Dann den Orangen-, den Ananas- und den Zitronensaft zur Kokossahne geben und unterrühren.

Schritt 2

3 Die Saft-Kokos-Mischung auf die vorbereiteten Longdrinkgläser verteilen. Dann jeweils 1 TL Mangosirup vorsichtig am Rand entlang in die Gläser fließen lassen.

Schritt 3

4 Die Ananasstücke einschneiden und an die Glasränder stecken. Jeweils 1 Minzeblättchen auf die Zahnstocher stecken und in die Ananasstücke spießen. Die Cocktails erst kurz vor dem Servieren leicht umrühren.

Schritt 4

Zubereiten **20** Min.
Pro Portion: 290 kcal/1090 kJ;
1 g EW; 11 g F; 37 g KH

TYPISCH MALAYSISCH
Die Malaysier mögen vor allem das Kokosnußwasser der jungen, noch grünen Kokosnüsse. Zum Durstlöschen schlagen Sie die Nüsse mit einer Machete auf und schlürfen das Kokosnußwasser direkt aus der Schale. Die bei uns erhältliche Kokosmilch wird aus dem Fruchtfleisch der älteren, braunen Nüsse gewonnen.

ZUBEREITUNGSTIP

• Sollten Sie nur 2 Portionen Coconut Dream zubereiten wollen, dann können Sie die Zutaten auch in einen Shaker geben und kräftig schütteln.

• Damit alle Zutaten für den Cocktail gut durchgekühlt sind, sollten Sie die Säfte mehrere Stunden vorher zubereiten und in den Kühlschrank stellen.

SERVIERTIP

Besonders originell wirkt der Drink in einer Kokosnuß. Dafür pro Portion eine Kokosnuß mit einer Handsäge aufsägen. Das Fruchtwasser abgießen und den Drink hineingießen. Die Minzeblättchen mit etwas Wasser an die Strohhalme kleben und servieren.

GRÜNER TEEPUNSCH

JAPAN

ZUTATEN
(Für 6 Portionen)

- 4 TL grüner Tee
  (siehe Zutatentip)
- 75 g Zucker
- Schale von 1 unbehandelten Zitrone
- ½ l trockener Weißwein,
  z. B. Riesling
- 120 ml weißer Rum

FÜR DIE GARNITUR
- 1 unbehandelte Zitrone

ZUTATENTIP
Grünen Tee bekommen Sie in
Teeläden und im Reformhaus.
Grundsätzlich gilt: Je dunkel-
grüner die Teeblätter, desto
besser ist ihre Qualität.

*In Japan ist grüner Tee das Nationalgetränk. Die Japaner
schätzen den herb-aromatischen Geschmack und den beleben-
den Effekt. Grüner Tee als Punsch – eine aufregende Variante.*

1 Die Teeblätter in eine Kanne geben. In
einem Topf 400 ml Wasser zum Kochen
bringen (siehe Zubereitungstip). Den Topf
von der Herdplatte nehmen. Wenn das Wasser nicht mehr sprudelt, die Teeblätter damit
überbrühen und 3 Minuten ziehen lassen.
Dann den Tee durch ein Sieb in ein hitzebeständiges Gefäß abgießen.

Schritt 1

2 Den Zucker in den Tee geben und so
lange rühren, bis er sich aufgelöst hat.
Die Zitrone heiß waschen und mit einem
kleinen scharfen Messer spiralförmig
abschälen. Die Zitronenschale in den Tee
geben und darin kurz ziehen lassen.

Schritt 2

3 Den Wein und den Rum in einem Topf
bei schwacher Hitze erwärmen. Dann den
Tee dazugießen und umrühren. Die Teemi-
schung in eine Teekanne umfüllen. Dann die
Zitrone heiß waschen, trockenreiben und in
6 Spalten schneiden. Diese an der Schale einschneiden und an die Teeschalen stecken.

Schritt 3

Zubereiten **10** Min.
Pro Portion: 155 kcal/655 kJ;
0 g EW; 0 g F; 13 g KH

TYPISCH JAPANISCH
Bei der japanischen Teezeremonie sind der Ab-
lauf und die Utensilien genau festgelegt. Unter
der Aufsicht ihrer Mütter werden die Töchter
in diese Tradition eingeführt: Zuerst wird
das Teepulver, »Matcha«, mit heißem Wasser
überbrüht, dann mit dem »chasen«, einem
Rührbesen aus Bambus, schaumig geschlagen.

ZUBEREITUNGSTIP

Wenn Sie in einer Region mit sehr kalkhaltigem, hartem Wasser wohnen, ist es für die Zubereitung von Tee sehr wichtig, daß Sie das Leitungswasser vor dem Gebrauch durch einen Spezialfilter laufen lassen. Der Kalk wird so herausgefiltert, und der Tee kann jetzt sein volles Aroma und seine volle Wirkung entfalten.

SERVIERTIP

Paßt sehr gut zum Teepunsch: marinierter Tofu. Dafür geräucherten Tofu in Würfel schneiden, mit reichlich Sojasauce marinieren, mit gerösteten Sesamsamen bestreuen und mit süß-scharfem japanischem Reisgebäck anbieten.

SERVIERTIP Reichen Sie dazu gewürzte, frisch aufgebackene Linsenmehlfladen, auch Papadam genannt. Diese können Sie in fast allen Asienläden kaufen. Ein würziges Chutney ist die perfekte Ergänzung.

KLASSISCHER MANGO-LASSI

INDIEN

Wenn es heiß ist und Sie Lust auf eine Abkühlung verspüren, dann ist ein Mango-Lassi die richtige Lösung. Dieser erfrischende Joghurtdrink läßt Sie selbst die größte Hitze überstehen.

ZUTATEN
(Für 4 Portionen)

- 12 Eiswürfel
- 4 Zweige Minze
- 2 reife Mangos
  (siehe Zutatentip)
- 3 EL Zitronensaft
- 2 EL Zucker
- ¼ l eiskaltes Wasser
- 500 g Joghurt (3,5 % Fett)
- 1 Prise gemahlener Zimt

FÜR DIE GARNITUR
- 4 Zweige Minze
- 1 unbehandelte Zitrone
- 4 Cocktailspieße
- 4 Strohhalme

ZUTATENTIP
Sie können diesen Cocktail auch mit Erdbeeren, Ananas oder Bananen zubereiten.

1 Die Eiswürfel in einer Eismühle grob zerkleinern oder in ein Küchentuch wickeln und mit einem Fleischklopfer zertrümmern. Dann das Eis in 4 Cocktailgläser füllen und diese in das Tiefkühlfach stellen.

2 Die Minze abbrausen, trockenschütteln und die Blättchen abzupfen. Die Mangos schälen, das Fleisch rund um den Stein herum abschneiden. Dann das Fruchtfleisch in Stücke schneiden. Mit dem Zitronensaft, dem Zucker und der Minze in einem Mixer oder mit dem Stabmixer sehr fein pürieren.

3 Die Zitrone heiß waschen, trockenreiben und vierteln. Mit der Minze auf die Cocktailspieße stecken. Das Wasser, den Joghurt und den Zimt zum Fruchtpüree geben. Mit den Schneebesen des Handrührgeräts cremig schlagen. Die Mischung in die Gläser gießen und umrühren. Mit den Cocktailspießen und den Strohhalmen dekoriert servieren.

Schritt 1

Schritt 2

Schritt 3

Zubereiten **15** Min.
Pro Portion: 210 kcal/885 kJ;
5 g EW; 5 g F; 35 g KH

TYPISCH INDISCH
Die Lieblingsfrucht der Inder ist die Mango. Da sich in Indien die größten Mangoanbaugebiete befinden, wird diese Frucht auf allen Märkten in großen Massen angeboten. Mangos eignen sich ausgezeichnet als fruchtige Grundlage für Saucen, Chutneys, Desserts und Drinks.

ORIENTALISCHE MANDELMILCH

Dieser traditionelle persische Begrüßungstrank mit Nüssen und feinem Rosenaroma kommt sowohl bei großen als auch bei kleinen Gästen sehr gut an und paßt zu fast jeder Gelegenheit.

ZUTATEN
(Für 6 Portionen)

- 200 g Mandeln
- 200 g Zucker
- 4 Tropfen Bittermandel-aroma
- 3 EL Rosenwasser (siehe Zutatentip)

FÜR DIE GARNITUR

- 1 TL gehackte Pistazien
- 1 Prise gemahlenes Kardamom
- 6 getrocknete Datteln (siehe Zutatentip)

AUSSERDEM

- 900 ml gekühltes stilles Mineralwasser

ZUTATENTIP

Rosenwasser bekommen Sie entweder in Asienläden oder in der Apotheke.

1 Wasser in einem Topf zum Kochen bringen. Die Mandeln damit überbrühen und kurz ziehen lassen. Dann durch ein Sieb abgießen. Die Mandeln mit den Fingern aus den Häuten drücken und mit einem großen Messer grob hacken. Dann in einem hohen Gefäß mit 100 ml kaltem Wasser mit dem Stabmixer fein pürieren.

Schritt 1

2 Den Zucker mit 100 ml Wasser unter Rühren in einem Topf erhitzen. Sobald sich der Zucker aufgelöst hat, das Mandelpüree unterrühren und alles einmal aufkochen lassen. Den Topf vom Herd nehmen, das Bittermandelaroma und das Rosenwasser unterrühren. Die Masse etwas auskühlen lassen, dann 1 Stunde in den Kühlschrank stellen (siehe Zubereitungstip).

Schritt 2

3 Die Mandelmasse auf 6 Gläser verteilen (siehe Zubereitungstip), mit dem Mineralwasser aufgießen und gut umrühren. Jeden Drink mit den Pistazien bestreuen und mit dem Kardamom bestäuben. Die Datteln mit einem scharfen Messer einschneiden und jeweils eine an den Glasrand stecken.

Schritt 3

Zubereiten **25** Min. Kühlen **1** Std.
Pro Portion: 210 kcal/885 kJ;
2 g EW; 7 g F; 35 g KH

TYPISCH IRANISCH

Tradition und Gastfreundschaft werden in diesem Land ganz groß geschrieben. Da jedoch der Glaube den Alkoholgenuß verbietet, gibt es hier viele Getränke auf der Basis von Früchten, Nüssen und Wasser. Sie löschen den Durst und spenden dem Körper wertvolle Nährstoffe, wie Kohlenhydrate, Eiweiß, Fett und Vitamine.

ZUBEREITUNGSTIP

• Die Mandelmischung können Sie auch gut vorbereiten. Im Kühlschrank zugedeckt aufbewahrt, hält sie sich mindestens 3 Tage. Erst kurz vor dem Servieren mit dem Mineralwasser aufgießen.

• Sollte von der Mandelmasse etwas übrigbleiben, so können Sie damit Ihr Frühstücksmüsli verfeinern.

SERVIERTIP

Bieten Sie dazu eine Schale mit gemischtem orientalischem Konfekt an, das Sie in türkischen Geschäften kaufen können. Besonders zu empfehlen sind gefüllte Datteln mit Walnüssen, getrocknete Aprikosen, Lokum und Schokoladen-Kokos-Konfekt.

AFRIKANISCHER GEWÜRZTEE

MAROKKO

Nicht nur in der Wüste wirkt ein warmer Tee mit Ingwer, Zimt, Kardamom und Nelken wahre Wunder. Er löscht den Durst bei Hitze und verbreitet in kühlen Zeiten wohlige Wärme.

ZUTATEN
(Für 4 Portionen)

- 2 cm frische Ingwerwurzel
- 5 Kardamomkapseln
- 1 Zimtstange
- 4 Nelken
- 2 Sternanis
- 6 Zweige Minze
- 1 Orange
- 4 EL Zucker

AUSSERDEM

- ½ unbehandelte Zitrone

ZUTATENTIP

Sollte frische Minze gerade nicht erhältlich sein, können Sie auf getrocknete Minzeblättchen zurückgreifen. Rechnen Sie 2 EL bei bereits zerkleinerten Blättern und 4 EL bei ganzen Blättern.

1 Den Ingwer schälen und in dünne Scheiben schneiden. 1 l Wasser mit dem Ingwer, dem Kardamom, dem Zimt, den Nelken und dem Sternanis in einem Topf zum Kochen bringen. Alles 5 Minuten köcheln lassen, von der Herdplatte nehmen und zugedeckt weitere 10 Minuten ziehen lassen.

Schritt 1

2 Die Minze abbrausen, trockenschütteln und in eine hitzebeständige Kanne geben. Den Gewürzsud durch ein Sieb in einen Topf abgießen. Den Sud erneut zum Kochen bringen und die Minzezweige damit übergießen. Den Minzetee mindestens 7 Minuten ziehen lassen (siehe Zubereitungstip).

Schritt 2

3 Von der Zitrone 2 Scheiben abschneiden und diese halbieren. Dann die Orange halbieren, auspressen und mit dem Zucker in den heißen Tee einrühren. Den Gewürztee durch ein Sieb in hitzefeste Teegläser gießen, so daß die Minzezweige in der Kanne zurückbleiben. Anschließend die Teegläser mit den Zitronenscheiben dekoriert servieren.

Schritt 3

Zubereiten **10** Min. Ziehen **20** Min.
Pro Portion: 95 kcal/390 kJ;
0 g EW; 0 g F; 23 g KH

TYPISCH MAROKKANISCH

Ob in der einsamen Wüste oder in der belebten Stadt – Teetrinken gehört in Marokko zum Alltag. Je nach Bedarf wird frische Minze überbrüht. Der fertige Tee wird stark gesüßt und in kleinen Gläsern auf einem Tablett serviert. Dies zelebriert der »Tuareg« in seinem Zelt genauso wie der Kaufmann in seinem Geschäft.

ZUBEREITUNGSTIP

• Je länger Sie den Gewürzsud ziehen lassen, desto intensiver ist später der Geschmack. Dafür den Gewürzsud bereits mehrere Stunden vorher zubereiten und zugedeckt in den Kühlschrank stellen.

• Sollte der Gewürztee nicht ganz aufgetrunken werden, dann können Sie ihn später auch kalt trinken.

SERVIERTIP

Knusprig gebackene Blätterteigtaschen, gefüllt mit Ziegenfrischkäse und Petersilie oder mit würziger Merguez-Wurst, werden Gästen gerne zum Tee gereicht. Die Teigtaschen werden direkt aus der Pfanne oder dem Backofen noch warm serviert.

Eiskaffee 3 x Anders

Davon kann an heißen Tagen keiner genug bekommen: Eiskaffee in seinen schönsten Variationen für Sie und Ihre Gäste.

Wiener Mazagran

Zubereiten **10** Min. Kühlen **3** Std. **30** Min.

Österreich

(FÜR 4 PORTIONEN)
- 5 EL gemahlener Kaffee
- 4 TL Zucker
- 8 EL Kirschlikör
- 12 Eiswürfel

AUSSERDEM
- 4 Cocktailkirschen

1 Den Kaffee in einen Kaffeefilter geben. In einem Topf 600 ml Wasser zum Kochen bringen und den Kaffee damit überbrühen oder den Kaffee in einer Kaffeemaschine zubereiten. Den Zucker unterrühren und alles abkühlen lassen.

2 Den Kaffee etwa 3 Stunden in den Kühlschrank stellen. 4 Porzellan-Kaffeetassen ebenfalls im Kühlschrank vorkühlen.

3 Jeweils 3 Eiswürfel in die Kaffeetassen geben. Dann den Kaffee darübergießen, je 2 EL Kirschlikör pro Tasse dazugeben und umrühren. Die Kirschen einschneiden, an die Kaffeetassen stecken und den Mazagran sofort servieren.

Feiner

Zubereiten **10** Min.

Niederlande

(FÜR 4 PORTIONEN)
- 2-3 EL gemahlener Kaffee
- 4 Eigelbe
- 8 EL Weinbrand
- 8 EL Kaffeelikör
- 2 TL Puderzucker
- 8 Eiswürfel

AUSSERDEM
- Kaffeepulver zum Bestäuben

1 Den Kaffee in einen Kaffeefilter geben. In einem Topf ¼ l Wasser zum Kochen bringen und den Kaffee damit überbrühen oder den Kaffee in einer

KLASSISCHER EISKAFFEE

Zubereiten **15** Min. Kühlen **3** Std. **30** Min

ITALIEN

(FÜR 4 PORTIONEN)
- 6 EL gemahlener Kaffee
- 4 TL Zucker
- 200 g Schlagsahne
- 1 Pck. Vanillezucker
- 12 Kugeln Vanilleeis

FÜR DIE GARNITUR
- 1 TL Schokoladenraspel
- 4 Prisen Kakaopulver
- 4 Prisen gemahlener Zimt

1 Den Kaffee in einen Kaffee-filter geben. In einem Topf ¾ l Wasser zum Kochen bringen und den Kaffee damit überbrühen oder den Kaffee in einer Kaffeemaschine zubereiten. Dann den Zucker unterrühren und alles abkühlen lassen.

2 Den gezuckerten Kaffee etwa 3 Stunden in den Kühlschrank stellen. 4 Gläser ebenfalls kühl stellen. Vor dem Servieren die Sahne mit den Schneebesen des Handrühr-geräts steif schlagen, dabei den Vanillezucker einrieseln lassen.

3 In jedes Glas 3 Kugeln Eis-creme geben und mit dem Kaffee auffüllen. Die Sahne mit einem Spritzbeutel mit großer Sterntülle aufspritzen. Die Eis-kaffees mit Schokoladenraspeln bestreuen und mit Kakaopulver und Zimt bestäuben.

KAFFEE-FLIP

Kühlen **2** Std. **30** Min.

Kaffeemaschine zubereiten. Dann etwas auskühlen lassen und etwa 2 Stunden in den Kühlschrank stellen. 4 Gläser ebenfalls kühl stellen.

2 In einen Shaker ¼ l Kaffee, 2 Eigelbe, 4 EL Weinbrand, 4 EL Kaffeelikör, 1 TL Puder-zucker und 4 Eiswürfel geben. Alle Zutaten mindestens 10 Se-kunden kräftig schütteln.

3 Den Kaffee-Flip durch ein Sieb in 2 Gläser gießen und mit etwas Kaffeepulver bestäu-ben. Für die nächsten 2 Porti-onen den Zubereitungsvorgang in Punkt 2 wiederholen.

$\mathscr{P}$ORTWEIN-FLIP »LISSABON«

PORTUGAL

Lesen Sie auf einer Barkarte das Wort Flip, dann erwartet Sie ein cremig-aufgeschlagenes Getränk. Auch bei gemütlichen Kaffeerunden ist diese Mixtur für eine Überraschung gut.

ZUTATEN
(Für 4 Portionen)

- 8 EL Crème fraîche
- 4 Eigelbe
- 4 TL Puderzucker
- 4 EL Weinbrand (siehe Zutatentip)
- 160 ml Portwein
- 8 Eiswürfel
- 4 Msp. geriebene Muskatnuß

FÜR DIE GARNITUR
- 1 EL Zucker
- 4 blaue Weintrauben

ZUTATENTIP

Für eine fruchtigere, alkohol-ärmere Variante ersetzen Sie den Weinbrand einfach durch 4 EL Orangensaft.

1 Im Tiefkühlfach 4 Cocktailgläser vorküh-len. Die Crème fraîche mit den Eigelben (siehe Zubereitungstip), dem Puderzucker, dem Weinbrand und dem Portwein in eine große Schüssel geben und mit den Schnee-besen des Handrührgeräts schaumig schlagen.

2 Die Hälfte der Portwein-Mischung mit 4 Eiswürfeln in einen Shaker geben und mindestens 15 Sekunden kräftig schütteln. Dann den Inhalt durch ein Sieb in 2 Cocktail-gläser gießen. Die restlichen Eiswürfel sowie die übrige Portwein-Mischung in den Shaker geben, 15 Sekunden kräftig schütteln und ebenfalls durch ein Sieb in 2 Gläser gießen.

3 Für die Garnitur den Zucker auf einen kleinen Teller geben. Die Weintrauben kurz unter kaltem Wasser waschen, leicht ein-schneiden und noch feucht im Zucker wäl-zen. Jeweils eine Traube an den Glasrand stecken. Die Flips mit dem Muskat bestreuen und sofort servieren (siehe Zubereitungstip).

Schritt 1

Schritt 2

Schritt 3

Zubereiten **10** Min.
Pro Portion: 250 kcal/1040 kJ;
4 g EW; 14 g F; 10 g KH

TYPISCH PORTUGIESISCH

Seinen Namen bekam der Portwein von der Stadt Porto. Die Trauben, aus denen er gekel-tert wird, wachsen im Douro-Tal. Der berühm-te »Vinho do Porto« wird aus Weinen verschie-dener Jahrgänge, Lagen und Sorten in großen Verschnittfässern »vermählt«. Die Reifung er-folgt dann in großen Eichenfässern.

ZUBEREITUNGSTIP

• Die Eigelbe sollten auf jeden Fall von ganz frischen Eiern stammen und vor dem Gebrauch die ganze Zeit über im Kühlschrank gelagert werden.

• Den Flip sollten Sie nach dem Schütteln möglichst sofort servieren, da sich sonst die einzelnen Zutaten des Cocktails wieder voneinander trennen.

SERVIERTIP

Zum Portwein-Flip schmecken besonders gut gekühlte frische Feigen. Dafür die Früchte abbrausen, trockentupfen und mit einem Messer schälen. Dann die Früchte vierteln, mit etwas Zitronensaft beträufeln und mit Feigenblättern auf einem Teller anrichten.

SPANISCHE SANGRIA

SPANIEN

ZUTATEN
(Für 12 Portionen)

- 60 g Zucker
- 2 unbehandelte Zitronen
- 6 Orangen
- 6 Aprikosen
- 2 Pfirsiche
- 4 EL Orangenlikör
- 4 EL Weinbrand
- 2 Flaschen spanischer Rotwein (à 700 ml)
- ½ l Mineralwasser (siehe Zutatentip)
- 12 Eiswürfel

ZUTATENTIP

Statt mit Mineralwasser kann die Sangria auch mit Sekt, am bestem einem spanischen Cava, aufgefüllt werden. Dann wird aus der klassischen Sangria eine Sangria »Royal«.

Keine spanische Fiesta ohne die berühmte Sangria. Egal ob Sie ein Sommerfest im Garten oder auf dem Balkon planen, die fruchtige Sangria ist genau der richtige Stimmungsmacher.

1 Den Zucker mit ⅛ l Wasser in einem Topf unter Rühren erhitzen. Sobald sich der Zucker aufgelöst hat, den Topf von der Herdplatte ziehen und auskühlen lassen.

2 Inzwischen 1 Zitrone heiß waschen, trockenreiben, längs halbieren und in Scheiben schneiden. Dann 2 Orangen schälen, so daß die weiße Haut mit entfernt wird, längs vierteln und in Scheiben schneiden. Die restlichen Orangen und die Zitrone auspressen.

Schritt 2

3 Die Aprikosen und die Pfirsiche waschen und trockenreiben. Die Früchte halbieren, entsteinen, in Spalten schneiden und in eine Schüssel geben. Dann den Zuckersirup, den Orangensaft, den Zitronensaft, den Orangenlikör, den Weinbrand und 1 Flasche Rotwein darübergießen. Zugedeckt im Kühlschrank mindestens 2 Stunden marinieren.

Schritt 3

4 Die Flüssigkeit mit den Früchten in einen großen Krug oder in ein Bowlengefäß umfüllen. Dann mit dem restlichen Rotwein und dem Mineralwasser aufgießen. Erst kurz vor dem Servieren die Eiswürfel dazugeben.

Schritt 4

Zubereiten **35** Min.
Marinieren **2** Std.
Pro Portion: 155 kcal/650 kJ;
0 g EW; 0 g F; 15 g KH

TYPISCH SPANISCH

Spaniens Hauptanbauregion für Orangen ist Valencia. Nicht alle Früchte werden frisch verzehrt. Oft werden sie zu Saft verarbeitet oder sind die Basis von Desserts und Kuchen. Dem Nationalgetränk der Spanier, der Sangria, geben sie den fruchtigen Geschmack und die Optik.

MANDELLIKÖR-COCKTAIL

ITALIEN

Diesen Cocktail sollten Sie unbedingt ganz heiß genießen, da nur dann der köstliche Duft des Mandellikörs noch intensiv ist und selbst Cocktail-Muffeln Lust auf ein zweites Glas macht.

ZUTATEN
(Für 4 Portionen)

- 200 g Schlagsahne
- ½ l Milch
- 4 Eigelbe
- 4 TL Zucker
- 4 TL Kakaopulver
- 80 ml Weinbrand
- 80 ml Mandellikör
  (siehe Zutatentip)
- 1 TL gemahlener Zimt
- je 1 Prise gemahlene
  Gewürznelke und
  gemahlener Kardamom

FÜR DIE GARNITUR
- 4 TL Schokoladenraspel

ZUTATENTIP

Anstelle von Mandellikör können Sie den Cocktail auch mit Kirschlikör verfeinern.

1 Zum Vorwärmen 4 hitzebeständige Gläser mit heißem Wasser füllen und beiseite stellen. Die Sahne mit den Schneebesen des Handrührgeräts steif schlagen. Dann die Sahne mit einem Teigschaber oder einem großen Löffel in einen Spritzbeutel mit Sterntülle füllen (siehe Zubereitungstip).

2 Die Milch in einem Topf erwärmen, aber nicht zum Kochen bringen. Mit den Eigelben, dem Zucker und dem Kakao in einem Mixer oder mit den Schneebesen des Handrührgeräts kräftig aufschlagen. Dann den Weinbrand und den Mandellikör dazugeben und alles gut verquirlen. Mit Zimt, Nelke und Kardamom abschmecken.

3 Die vorgewärmten Gläser mit einem Küchentuch abtrocknen. Dann das Getränk in die 4 Gläser füllen und auf jede Portion mit dem Spritzbeutel eine Sahnehaube spritzen. Zum Schluß mit den Schokoladenraspel bestreuen und sofort servieren.

Schritt 1

Schritt 2

Schritt 3

Zubereiten **15** Min.
Pro Portion: 339 kcal/1418 kJ;
10 g EW; 27 g F; 14 g KH

TYPISCH ITALIENISCH

Die alten italienischen Bars, die das geruhsame Flair der Jahrhundertwende ausstrahlen, werden immer seltener. Auf Schritt und Tritt hat natürlich auch dort die Moderne längst Einzug gehalten. Neben klassischen Getränken, wie Espresso, Vin Santo, Campari, werden auch die derzeit sehr gefragten Cocktails angeboten.

ZUBEREITUNGSTIP

Gute Spritzbeutel sind aus beschichtetem Leinen oder
einem anderen kochfesten Material. Dazu gehören
Lochtüllen aus Metall oder Plastik mit unterschiedlich
großen und verschiedenartig geformten Öffnungen.
So lassen sich beim Spritzen ganz unterschiedliche
Muster wie Schlängel, Tupfen und Girlanden bilden.

SERVIERTIP

Reichen Sie zu dem heißen Mandel-
likör-Cocktail ein Stück Tiramisu, eine
klassische italienische Süßspeise aus
Mascarpone, Löffelbiskuits, Eiern, Zucker
und Kakao. Für den kleinen Appetit servieren Sie
Amarettini, kleine Gebäckkügelchen mit Mandellikör.

ℱRUCHTIGER ERDBEER-SHAKE

SCHWEIZ

Ein Milch-Shake ist die köstlichste Art, die gesamte Familie mit frischer Schweizer Alpenmilch zu verköstigen. Mit Erdbeeren und Eis verfeinert, wird daraus ein cremiger Frucht-Shake.

ZUTATEN
(Für 4 Portionen)

- 400 g Erdbeeren (siehe Zutatentip)
- 2 EL Zitronensaft
- 4 TL Puderzucker
- 8 Kugeln Vanilleeis
- 600 ml Milch (3,5 % Fett)

FÜR DIE GARNITUR
- 125 g Schlagsahne
- ½ Pck. Vanillezucker
- 4 TL Grenadinesirup (siehe Zutatentip)
- 4 Strohhalme

ZUTATENTIP
- Statt mit Erdbeeren kann der Shake auch mit frischen oder tiefgekühlten Himbeeren zubereitet werden.
- Falls Sie keinen Grenadinesirup haben sollten, so können Sie die Shakes auch mit Schokoladensauce beträufeln.

1 Die Erdbeeren vorsichtig abbrausen, mit Küchenpapier trockentupfen, dann putzen. 4 Beeren für die Garnitur beiseite legen. Die übrigen Erdbeeren mit dem Stabmixer pürieren (siehe Zubereitungstip). Dann den Zitronensaft und den Puderzucker untermischen.

2 Das Eis und die Milch zum Beerenpüree geben. Alles mit den Schneebesen des Handrührgeräts zuerst auf kleiner, dann auf hoher Stufe schlagen, bis eine schaumige dickflüssige Mischung entsteht.

3 Die Schlagsahne mit den Schneebesen des Handrührgeräts sehr steif schlagen. Dabei den Vanillezucker einrieseln lassen. Dann die Sahne mit einem großen Löffel in einen Spritzbeutel mit Sterntüllle füllen.

4 Den Frucht-Shake auf 4 große Gläser verteilen und auf jede Portion mit dem Spritzbeutel einen großen Sahnetupfer spritzen. Dann die Sahne mit dem Grenadinesirup beträufeln. Die Erdbeeren einschneiden und je eine Erdbeere an den Glasrand stecken. Jeden Shake mit einem Strohhalm servieren.

Schritt 1

Schritt 2

Schritt 4

Zubereiten **15** Min.
Pro Portion: 455 kcal/1895 kJ;
10 g EW; 25 g F; 44 g KH

TYPISCH SCHWEIZERISCH
Ein Großteil der Schweizer Alpenmilch wird zwar zu Schokoladen-Köstlichkeiten oder dem berühmten Schweizer Käse verarbeitet, aber die gute Milch ist auch pur, vor allem direkt auf der Alm oder einer Berghütte, ein Genuß. In den städtischen Cafés stehen stets leckere Shakes und Frappés auf der Getränkekarte.

ZUBEREITUNGSTIP

Wenn Sie keinen Stabmixer haben, dann passieren Sie
die frischen Erdbeeren einfach durch ein feines Sieb
in eine hohe Rührschüssel. Den Zitronensaft und den
Zucker dazugeben und alles gut vermischen. Dann
das Eis und die Milch hinzufügen und alles mit den
Schneebesen des Handrührgeräts cremig schlagen.

SERVIERTIP

Reichen Sie zum Milchmixgetränk
verschiedene Schweizer Schokola-
denspezialitäten, wie z. B. feine Kirsch-
trüffel, Stäbchen aus Zartbitterschokolade
und Schokoladenkugeln mit Nougatfüllung. Richten
Sie diese hübsch auf einer Papierspitze an.

45

APFELPUNSCH AUS DER NORMANDIE

FRANKREICH

Wenn die kalten Tage kommen, ist die Zeit reif für einen heißen Punsch. Die Mischung aus Rotwein, Apfelsaft, Nüssen, Früchten und Gewürzen läßt Sie sicherlich nicht kalt.

ZUTATEN
(Für 8 Portionen)

- 3 getrocknete Feigen
- 50 g abgezogene Mandeln
- 120 ml Calvados
  (siehe Zutatentip)
- 1 Flasche Rotwein
  (700 ml)
- 1 l Apfelsaft
- 2 EL Zucker
- 8 Gewürznelken
- 3 Zimtstangen
- 400 g säuerliche Äpfel,
  z. B. Cox Orange
- 1 EL Zitronensaft
- 1 unbehandelte Orange

ZUTATENTIP

Statt Calvados können Sie auch einen beliebigen anderen Apfelbrand oder einen Birnenbrand verwenden.

1 Die Feigen kleinwürfeln. Die Mandeln mit einem kleinen Messer halbieren. Dann die Feigen und die Mandeln in eine Schüssel geben, mit dem Calvados übergießen und etwa 20 Minuten darin marinieren.

2 Den Rotwein, den Apfelsaft, den Zucker und die Gewürze in einem Topf unter Rühren erhitzen. Die Flüssigkeit 15 Minuten knapp unter dem Siedepunkt ziehen lassen.

3 Inzwischen die Äpfel waschen, trockenreiben und halbieren. Das Kerngehäuse herausschneiden, die Apfelhälften jeweils in 4 Spalten schneiden und mit dem Zitronensaft beträufeln. Die Orange heiß waschen, trockenreiben und in 8 Spalten schneiden. Das Obst in den Gewürz-Sud geben und darin bei schwacher Hitze etwa 10 Minuten ziehen lassen (siehe Zubereitungstip).

4 Zum Schluß die marinierten Feigen und Mandeln in den Punsch geben und darin erwärmen. Dann den Apfelpunsch in hitzebeständigen Gläsern servieren.

Schritt 1

Schritt 2

Schritt 3

Zubereiten **35** Min.
Pro Portion: 250 kcal/1055 kJ;
2 g EW; 4 g F; 30 g KH

TYPISCH NORMANDIE

In der Normandie gibt es über 100 verschiedene Apfelsorten. Aus der Ernte wird hauptsächlich »Calvados«, der bekannte Apfelbranntwein, oder »Cidre«, der feinperlende Apfelwein, hergestellt. Als ungewöhnlich fruchtigen Aperitif bevorzugen die Normannen eine Mischung aus Cidre und Calvados, den »Pommeau«.

ZUBEREITUNGSTIP

• Die Apfelspalten dürfen auf keinen Fall zu weich gegart werden. Die Garzeit unterscheidet sich je nach Reife, Sorte und Größe der Äpfel. Am besten probieren Sie nach etwa 7 Minuten eine Apfelspalte.

• Falls noch etwas Punsch übrigbleiben sollte, so können Sie ihn am nächsten Tag auch kalt servieren.

SERVIERTIP

Ein herzhafter Käsehappen ist das richtige zu diesem Fruchtpunsch. Dafür einen gutgereiften Camembert in Scheiben schneiden und Weißbrotscheiben damit belegen. Im Backofen bei 180 °C überbacken. Mit Paprikapulver bestäubt servieren.

SERVIERTIP Zur Eisschokolade sollten Sie entweder ein typisch belgisches Rosinenbrot reichen oder frisch gebackene Waffeln naschen, die Sie mit Zimtzucker bestreuen und mit Kirschkompott servieren.

48

EISSCHOKOLADE »ANTWERPEN«

BELGIEN

ZUTATEN
(Für 4 Portionen)

- 600 ml Milch (3,5 % Fett)
- 6 TL Kakaopulver
- 4 TL Zucker
- 1 Pck. Vanillezucker
- 8 Kugeln Vanilleis
- 4 Kugeln Schokoladeneis
- 150 g Schlagsahne
- ½ Pck. Sahnefestiger
- 1 TL Puderzucker

FÜR DIE GARNITUR
- 2 TL Borkenschokolade
  (siehe Zutatentip)
- 4 Eiswaffeln
- 4 Strohhalme

ZUTATENTIP

Statt Borkenschokolade können Sie auch grobgeraspelte Zartbitterschokolade über die Eisschokoladen streuen.

Das Kakaogetränk im coolen Sommerlook ist der Renner bei jedem Kinderfest. Mit einem großen Vorrat an gekühltem Kakao und Vanilleeiscreme ist für Nachschub schnell gesorgt.

1 Die Hälfte der Milch mit dem Kakaopulver, dem Zucker und dem Vanillezucker in einem Topf unter Rühren zum Kochen bringen. Dann die restliche Milch dazugießen, verrühren und kurz miterhitzen. Den Topf von der Herdplatte ziehen und den Kakao 30 Minuten auskühlen lassen. Dann mindestens 2 Stunden in den Kühlschrank stellen.

Schritt 1

2 Im Tiefkühlfach 4 große Gläser vorkühlen. Die Sahne mit den Schneebesen des Handrührgeräts steif schlagen. Den Sahnefestiger und den Puderzucker unterrühren. Dann die Sahne mit einem großen Löffel in einen Spritzbeutel mit Sterntülle füllen.

Schritt 2

3 In jedes der Gläser 2 Kugeln Vanilleis und 1 Kugel Schokoladeneis geben. Den Kakao kurz umrühren und über die Eiscreme gießen. Dann auf jede Eisschokolade mit dem Spritzbeutel eine Sahnehaube spritzen. Zum Schluß mit der Borkenschokolade bestreuen, mit den Waffeln garnieren und mit den Strohhalmen sofort servieren.

Schritt 3

Zubereiten **10** Min.
Kühlen **2** Std. **30** Min.
Pro Portion: 475 kcal/1995 kJ;
14 g EW; 25 g F; 45 g KH

TYPISCH BELGISCH

In Belgien werden jährlich über 200 000 Tonnen Schokolade produziert und ein Großteil davon auch exportiert. Ihre Köstlichkeiten naschen die Belgier nicht nur als Schokolade in fester Form, sondern bei sommerlichen Temperaturen auch gerne als Eisschokolade.

FEUERZANGENBOWLE

DEUTSCHLAND

ZUTATEN
(Für 8 Portionen)

- Schale von 1 unbehandelten Orange
- 2 Flaschen Rotwein (à 700 ml)
- 5 Gewürznelken
- 1 Zimtstange
- 2 EL Zitronensaft
- 1 Zuckerhut (250 g)
- ½ l hochprozentiger Rum (siehe Zutatentip)

AUSSERDEM
- 1 Feuerzangengefäß
- 1 Feuerzange

ZUTATENTIP
Rum muß sehr hochprozentig sein, damit er brennt. Sein Alkoholgehalt muß mindestens 54 Vol. % betragen.

Noch schöner als der gleichnamige Film ist es, den Feuerzauber mit Freunden selbst zu erleben. Das Spektakel mit Zuckerhut und Rum ist ein Garant für Stimmung und Unterhaltung.

1 Die Orange heiß waschen, trockenreiben und die Schale spiralförmig abschälen. Mit dem Wein, den Nelken, dem Zimt und dem Zitronensaft in einen Topf geben (siehe Zubereitungstip). Alles auf mittlerer Flamme auf einem Rechaud erhitzen, jedoch nicht zum Kochen bringen. Um den Wein heiß zu halten, die Flamme entsprechend kleiner stellen.

Schritt 1

2 Den Zuckerhut so auf eine Feuerzange legen, daß dieser mit der Spitze zum offenen Rand der Zange zeigt. Dann die Zange wiederum so auf dem Topf plazieren, daß der Zucker in den Wein tropfen kann.

Schritt 3

3 Den Zuckerhut mit dem Rum begießen, bis er davon ganz durchtränkt ist und anzünden. Damit die Flamme nicht ausgeht, den Zuckerhut immer wieder vorsichtig mit Rum begießen (siehe Zubereitungstip). Die Feuerzangenbowle ist erst fertig, wenn der ganze Zucker geschmolzen und in den Wein getropft ist. Die Bowle in hitzefeste Gläser gießen und servieren.

Schritt 3

Zubereiten **10** Min.
Pro Portion: 430 kcal/1805 kJ;
0 g EW; 0 g F; 32 g KH

TYPISCH DEUTSCH
Der gleichnamige Film mit Heinz Rühmann hat Millionen Menschen begeistert. Jahrzehnte später ist die Feuerzangenbowle in ausgelassener Runde immer noch ein Erlebnis. Vor allem der Silvesterabend wird mit dieser außergewöhnlichen Bowle wunderbar eingeläutet, bevor man mit großem Feuerwerk das neue Jahr begrüßt.

ZUBEREITUNGSTIP

• Benutzen Sie für die Feuerzangenbowle einen speziellen Topf aus Kupfer oder einem anderen feuerfe-
sten Material. Gut geeignet ist auch ein Fondue-Topf
mit Rechaud zum Erhitzen der Feuerzangenbowle.
• Geben Sie den Rum aus Sicherheitsgründen mit
einem langen Löffel auf den brennenden Zuckerhut.

SERVIERTIP

Selbstgemachte oder gekaufte Plätz-
chen sind die idealen Begleiter zur
Feuerzangenbowle. Reichen Sie Ihren
Gästen am besten einen Teller mit verschiedenen Sorten, wie Vanillekipferl, Haselnußmakro-
nen und Mandelplätzchen mit Vollmilchschokolade.

GROSSBRITANNIEN

Gegen harte Winter in den »Highlands« kennen die Schotten ein hervorragendes Mittel – den Toddy. Mit ausreichend Whisky, Gewürzen und Zitrone wärmt er sie von innen auf.

ZUTATEN

(Für je 2 Portionen)

FÜR DEN APFEL-TODDY

- unbehandelte Schale von 1 Zitrone
- ½ säuerlicher Apfel
- 3 EL Zitronensaft
- 100 ml naturtrüber Apfelsaft
- ½ Zimtstange
- 3 TL brauner Zucker
- 80 ml Whisky
- 1 Prise geriebene Muskatnuß

FÜR DEN ROTEN TODDY

- ½ Zimtstange
- 3 TL brauner Zucker
- 3 EL Zitronensaft
- 2 EL Grenadinesirup
- 80 ml Whisky

FÜR DIE GARNITUR

- 2 Zitronenscheiben

1 Die Zitrone heiß waschen, trockenreiben und die Schale spiralförmig abschälen. Den Apfel schälen und das Kerngehäuse herausschneiden. Das Fruchtfleisch fein reiben und sofort mit 1 EL Zitronensaft beträufeln.

2 Den Apfelsaft mit 100 ml Wasser in einem Topf zum Kochen bringen. Den Apfel, den Zimt, die Hälfte der Zitronenschale und den Zucker dazugeben und 1 Minute köcheln lassen. Dann den Whisky, den übrigen Zitronensaft und den Muskat dazugeben und miterwärmen. Die Zitronenschale und die Zimtstange herausnehmen. Den Toddy in 2 hitzefeste Gläser gießen. Die Zitronenscheiben einschneiden und an den Glasrand stecken.

3 Für den roten Toddy 200 ml Wasser in einem Topf zum Kochen bringen. Den Zimt, die andere Hälfte der Zitronenschale und den Zucker dazugeben und 1 Minute ziehen lassen. Den Zitronensaft, den Sirup und den Whisky dazugießen und miterwärmen. Die Zitronenschale und die Zimtstange mit einer Schaumkelle herausnehmen und beiseite legen. Das Getränk in 2 hitzefeste Gläser gießen. Mit der Zimtstange und der Schale servieren (siehe Zubereitungstip).

Schritt 1

Schritt 3

Schritt 3

Zubereiten **15** Min.
Pro Portion: 140 kcal/585 kJ;
0 g EW; 0 g F; 35 g KH

TYPISCH SCHOTTISCH

Schottland bietet mit seinen Highlands ganz besonders landschaftliche Reize. Durch das unwirtliche Klima geprägt, haben die Schotten gelernt, aus den kargen Gaben der Natur das Beste zu machen. Schottischer Whisky hat sich weltweit einen Namen gemacht – vor allem der Single Malt Whisky ist vom Feinsten.

ZUBEREITUNGSTIP

• Sie sollten die hitzefesten Gläser auf jeden Fall vorwärmen, bevor Sie die Toddys hineingießen. Dadurch
bleiben Sie deutlich länger richtig heiß.

• Rühren Sie den Apfel-Toddy vor dem Servieren mit
einem langen Löffel gut durch, da sich das geriebene
Apfelfruchtfleisch sofort am Glasboden absetzt.

SERVIERTIP

Servieren Sie dazu frisch geröstete Toast-
brot-Sandwiches. Bestreichen Sie dazu
die Toasts mit Butter und belegen Sie sie
anschließend mit Tomaten, Kopfsalat und
Thunfisch. Je nach Geschmack können Sie die
Toasts mit Remoulade oder Mayonnaise verfeinern.

$\mathscr{I}$RISH COFFEE

IRLAND

ZUTATEN
(Für 4 Portionen)

- 200 g Schlagsahne
- 6 EL gemahlener Kaffee
- 8 TL brauner Zucker
  (siehe Zutatentip)
- 160 ml Whisky
  (siehe Zutatentip)

AUSSERDEM

- 4 Msp. gemahlener Kaffee
  zum Bestäuben

ZUTATENTIP

- Brauner Zucker wird aus
  Rübenzucker hergestellt und
  ist häufig als »Farinzucker«
  im Handel erhältlich.
- Am besten verwenden Sie
  für den Irish Coffee einen
  weichen irischen Whisky.

*Kaffeegenuß vom Feinsten – mit Whisky und Sahnehaube ist
der Klassiker aus Irland genau richtig zum Nachmittagskaffee,
zum Dessert oder als kleine Leckerei für zwischendurch.*

1 Zum Vorwärmen 4 hitzebeständige Gläser
mit heißem Wasser füllen und beiseite
stellen (siehe Zubereitungstip). Die Sahne mit
den Schneebesen des Handrührgeräts halb-
steif schlagen und in den Kühlschrank stellen.

2 Den Kaffee in einen Kaffeefilter geben. In
einem Topf 850 ml Wasser zum Kochen
bringen und den Kaffee damit überbrühen
oder den Kaffee in einer Kaffeemaschine zubereiten. Dann den Kaffee warm halten.

3 Die vorgewärmten Gläser ausleeren und
abtrocknen. Dann jeweils 2 TL Zucker in
die Gläser geben und mit dem heißen Kaffee
bis 2 cm unterhalb des Glasrandes aufgießen
und solange umrühren, bis sich der Zucker
vollständig aufgelöst hat.

4 In jedes Glas 40 ml Whisky gießen. Die
gut gekühlte Sahne mit einem Eßlöffel
auf den Getränken verteilen. Mit dem ge-
mahlenen Kaffee bestäubt sofort servieren.

Schritt 1

Schritt 3

Schritt 4

Zubereiten **15** Min.
Pro Portion: 280 kcal/1165 kJ;
1 g EW; 16 g F; 5 g KH

TYPISCH IRISCH

Nach Feierabend trifft man sich in der irischen
Hauptstadt Dublin gerne in einem der vielen
Pubs und trinkt noch einen Whisky, das Tradi-
tionsgetränk der Iren. Die Wiege der Whisky-
bereitung liegt tatsächlich auf der grünen
Insel. In abgeschiedenen Klöstern wurde hier
bereits im 12. Jahrhundert Whisky gebrannt.

ZUBEREITUNGSTIP

Wenn Sie ein spezielles Irish-Coffee-Set besitzen, dann geben Sie den Whisky und den Zucker in das Stielglas und erwärmen das Glas samt Inhalt über einer Flamme. Dann mit dem heißen Kaffee bis 1 cm unterhalb des Glasrandes aufgießen. Zuletzt die Sahne darauf geben, ohne daß sie sich mit dem Getränk vermischt.

SERVIERTIP

Hervorragend zum Irish Coffee ist ein »Irish Kerry Cake«. Dieser typisch irische Apfelkuchen wird aus einem Rührteig und kleinen Apfelstücken zubereitet. Servieren Sie ihn noch lauwarm mit 1 Kugel Vanilleeis und mit einigen Minzeblättchen dekoriert.

WEIHNACHTSPUNSCH »JULGLOGG«

SCHWEDEN

Starker Schwarztee, Rotwein und Rum sind die Grundzutaten, aus denen in Schweden der Weihnachtspunsch zubereitet wird. Orangensaft und Zitronenstücke machen ihn herrlich fruchtig.

ZUTATEN
(Für 4 Portionen)

- 1 unbehandelte Limette
- 2 unbehandelte Orangen
- 4 TL schwarzer Tee
- 2 Msp. gemahlener Zimt (siehe Zutatentip)
- 6 EL Zucker
- 400 ml Rotwein
- 2 EL Rum

AUSSERDEM

- 4 Kandiszucker-Stäbe

ZUTATENTIP

Diesen Punsch können Sie auch mit anderen Gewürzen aromatisieren. Gut passen neben Zimt auch Kardamom, Gewürznelken oder etwas frisch geriebener Ingwer.

1 Die Limette und die beiden Orangen heiß waschen und trockenreiben. Von einer Orange die Schale mit einem Messer spiralförmig abschälen und beiseite legen. Dann von der anderen Orange die Schale fein abreiben. Anschließend die Orangen halbieren und auspressen. Die Limette vierteln.

2 Den Tee in ein hitzebeständiges Gefäß geben. In einem Topf 400 ml Wasser zum Kochen bringen, den Tee damit überbrühen und 3 Minuten ziehen lassen. Dann den Tee durch ein Sieb in einen Topf abgießen. Den Orangensaft, die abgeriebene Orangenschale, den Zimt, den Zucker, den Wein und den Rum dazugeben. Alles unter Rühren langsam erhitzen, aber nicht zum Kochen bringen.

3 Die Limettenstücke in 4 hitzebeständige Gläser geben (siehe Zubereitungstip). Dann den Punsch in die Gläser gießen und die Limettenstücke darin mit einem Eßlöffel ausdrücken. Jedes Getränk mit etwas Orangenschale dekorieren und mit Kandisstäben zum Süßen sofort servieren.

Schritt 1

Schritt 2

Schritt 3

Zubereiten **25** Min.
Pro Portion: 140 kcal/586 kJ;
1 g EW; 0 g F; 34 g KH

TYPISCH SCHWEDISCH

Der kalte Norden von Schweden ist die Heimat der Lappen. In den langen und sehr kalten Wintern setzen sie gerne noch auf traditionelle Fortbewegungsmittel wie den Rentierschlitten. Nach einem ausgiebigen Ausflug wärmt man sich abends oft mit etwas heißem Tee und zur Weihnachtszeit mit einem »Julglogg«.

ZUBEREITUNGSTIP

Wenn Sie nicht genau wissen, wie hitzebeständig Ihre Gläser sind, sollten Sie, um ein Zerspringen der Gläser beim Eingießen des kochend heißen Getränks zu verhindern, je einen Löffel aus Metall in die Gläser geben. Dieser leitet die Hitze ab, und Ihre Gläser zerspringen nicht. Sie können aber auch Kaffeebecher verwenden.

SERVIERTIP

Reichen Sie dazu ein herzhaftes Apfel-Speck-Brot. Dafür dünne Scheiben Frühstücksspeck in einer Pfanne knusprig ausbraten, dann herausnehmen. Im selben Fett Apfelstücke und Zwiebelspalten dünsten und mit dem Speck auf Vollkornbrot anrichten.

ℛUSSISCHER HONIGTRANK

RUSSLAND

Ein süßer Honigsud wird mit einem kräftigen Gewürzsud ver-mischt, und fertig ist der heiße Trank. Die Russen nennen ihn »Sbitjen«, was soviel bedeutet wie vereinigen oder vermengen.

ZUTATEN
(Für 4 Portionen)

- 3 cm frische Ingwerwurzel (siehe Zutatentip)
- 5 Gewürznelken
- 1 Zimtstange
- 1 Msp. geriebene Muskatnuß
- abgeriebene Schale von ½ unbehandelten Zitrone
- 1 Lorbeerblatt
- 125 g flüssiger Honig
- 2 EL Zucker
- 1 Pck. Vanillezucker

ZUTATENTIP

Falls Sie keinen frischen Ing-wer bekommen, können Sie statt dessen auch 1 TL gemah-lenen Ingwer verwenden.

1 Den Ingwer schälen und in ganz dünne Scheiben schneiden. Dann Ingwer, Nelken, Zimt, Muskat, Zitronenschale und Lorbeer-blatt mit 500 ml Wasser in einem Topf zum Kochen bringen. Den Gewürzsud zugedeckt bei schwacher Hitze 15 Minuten köcheln las-sen, dann auf der ausgeschalteten Herdplatte weitere 15 Minuten ziehen lassen.

Schritt 1

2 Inzwischen in einem zweiten Topf 300 ml Wasser zum Kochen bringen. Den Honig und den Zucker dazugeben und zugedeckt bei schwacher Hitze 5 Minuten köcheln las-sen. Falls Schaum entsteht, diesen mit einer Schaumkelle abheben.

Schritt 2

3 Den Vanillezucker unter den Gewürzsud rühren. Dann den Sud durch ein Sieb in ein hitzebeständiges Gefäß abgießen. Den Gewürzsud in das Honig-Zucker-Wasser ein-rühren und alles nochmals kurz erhitzen. Den Honigtrank in hitzebeständige Gläser gießen und sofort servieren (siehe Zubereitungstip).

Schritt 3

Zubereiten **35** Min.
Pro Portion: 135 kcal/565 kJ;
0 g EW; 0 g F; 34 g KH

TYPISCH RUSSISCH
Farbenprächtige Folkloregruppen gehören ebenso zur russischen Tradition wie die Zube-reitung der heißen Getränke im »Samowar«, einem speziellen Wasserkocher aus Messing oder Kupfer. In ihm wird auch für kalte Herbst-und Winterabende der »Sbitjen«, ein heißes Getränk aus Honig und Gewürzen, zubereitet.

ZUBEREITUNGSTIP

Wird nicht alles getrunken, dann können Sie die Reste dieses Honigtranks am nächsten Tag wieder aufwärmen. Achten Sie aber darauf, daß er nur leicht erhitzt wird und nicht mehr zum Kochen kommt. Genausogut schmeckt der Honigtrank jedoch auch kalt, mit etwas frischem Orangen- oder Zitronensaft serviert.

SERVIERTIP

Ein Früchte-Kräuter-Spieß schmeckt sehr erfrischend zu diesem Getränk. Dafür auf hölzerne Schaschlikspieße abwechselnd dünne Zitronenscheiben, Mandarinenspalten und dazwischen Minzeblättchen und kleine Lorbeerblätter stecken.

KÜCHEN-LEXIKON

Hier finden Sie wertvolle Tips, die Ihnen beim Einkauf der Zutaten und bei der Zubereitung der einzelnen Gerichte helfen.

ARTISCHOCKEN

Die schönen Blütenköpfe dieser Riesendistel waren schon im alten Ägypten als Delikatesse und als Heilmittel bekannt. Es gibt zwei verschiedene Sorten: aus Spanien, Italien und Ägypten kommen längliche, kleine Artischocken mit spitzen, oft violetten Blättern. Sie sind so zart, daß man sie ganz essen kann, und eignen sich gut zum Dünsten und Überbacken. Von den runden Artischocken ißt man nur das Blattende und den Boden.

BLATTSPINAT

Blattspinat wird in einzelnen Blättern geerntet. Beim Wurzelspinat schneidet man die ganze Blattrosette ab. Treibhausspinat gibt es in der Regel nicht mehr zu kaufen, da der Nitratgehalt zu hoch ist. Bei Freilandspinat kommt dieser Stoff nur in unbedenklichen Mengen vor, denn Licht und Wärme bauen Nitrat ab.

BOHNENKRAUT

Das würzige, leicht scharfe Kraut mit dem ausgeprägten Geruch nach grünen Bohnen schmeckt frisch besonders harmonisch und getrocknet sehr intensiv. Zartes Sommerbohnenkraut würzt sanfter als Bergbohnenkraut.

DICKE BOHNEN

Im Mittelalter waren dicke Bohnen, Puffbohnen, Pferdebohnen oder Saubohnen ein wichtiges Nahrungsmittel, das auch diejenigen mit wertvollem Eiweiß versorgte, die sich teures Fleisch nicht leisten konnten.

ESTRAGON

Das Kraut schmeckt frisch am besten, entfaltet sein intensives Aroma aber erst beim Kochen. Wer sanft, aber delikat würzen will, verwendet die frischen Blättchen nur roh. Zum Aufbewahren ist Einfrieren die beste Konservierung.

ÖLE – WOFÜR MAN SIE VERWENDET

Die Auswahl an Ölen ist groß. Hier die wichtigsten Ölsorten und ihre Verwendung:

Erdnußöl

Es schmeckt so fein nach Nüssen wie Haselnuß- oder Walnußöl. Doch es ist viel preiswerter, länger haltbar, und man kann es hoch erhitzen.

Maiskeimöl

Ein feines, edles Öl, weniger stark im Aroma als Weizenkeimöl und dennoch so charakteristisch, daß man damit auch würzen kann.

Olivenöl

Es ist vermutlich das gesündeste, gewiß aber das vielseitigste Öl. Sie können es stärker erhitzen als andere native Öle und wie Wein nach Anbaugebieten auswählen. So schmeckt zum Beispiel Olivenöl aus der Provence ganz anders als Öl von Kreta.

Sesamöl

Es hat den typischen feinen Eigengeschmack frisch gerösteter Sesamkörner und paßt gut zu fernöstlichen Gemüseeintöpfen. Man nimmt es gewöhnlich nur zum Abschmecken.

Sonnenblumenöl

Das Öl ist typisch für die osteuropäischen Küchen. Im Geschmack leicht nussig, doch relativ neutral, bietet es sich für alle Gerichte vom Salat, übers Backen bis zum Braten an.

Weizenkeimöl

Aufgrund des hohen Gehalts an essentiellen Fettsäuren zählt es zu den gesündesten Ölen, steuert feinen Weizengeschmack bei und paßt zu allen Gerichten mit Getreide.

KLEINE ZWIEBEL-KUNDE

Haushaltszwiebel

Es gibt ovale und längliche, flache und runde, gelbliche und braune, milde und beißend scharfe Sorten. Die Schärfe hängt mit dem Wassergehalt und der Menge der Schwefelver- bindungen zusammen. So sind kleine dunkle Zwiebeln gewöhnlich schärfer als größere helle.

Rote Zwiebel

Diese Sorte ist ideal zum Rohessen – in Ringen zum Beispiel für Salate, als kleine Würfel für Quarkmischungen und Dips –, weil sie so schön aussieht, milde Schärfe und angenehme Süße besitzt. Rote Zwiebeln halten sich trocken und luftig gelagert höchstens 1 Woche frisch.

Silberzwiebel

Die kleinste und feinste der Speise- zwiebeln kommt nur selten auf den Markt und wird grammweise verkauft. Als Silberzwiebeln werden auch junge Sommer- oder Winter- zwiebeln mit weißer Schale bezeichnet.

Schalotte

Ihre Schärfe ist harmonischer, weil weniger beißend als die von normalen Haushalts- zwiebeln. Doch mild – wie Silberzwiebeln – sind sie nicht. Bei uns am häufigsten an- geboten werden rosa- oder kupferfarbene, halblange oder birnenförmige Sorten.

KÜRBIS

Die Erntezeit von Speisekürbis- sen reicht von Juli bis zum ersten Frost. Riesen- kürbisse – die bis zu 50 Kilo wiegen und in Stücken verkauft wer- den – und kleine Speise- kürbisse haben eine sehr harte Schale und halten sich deshalb im kühlen Keller bis weit in den Winter. Erst wenn der Kürbis angeschnitten ist, muß man ihn relativ rasch verbrauchen.

MANGOLD

Mangold ist mit roten Beten verwandt: Sie erkennen es an den Sorten mit dünnen roten Stielen und grünen Blättern, die tatsächlich wie das Blattgrün von kleinen Sommer-Rote- Beten aussehen. Es gibt auch noch andere Sor- ten: zum Beispiel Schnittmangold mit dünnen grünen Blattstielen. Bei Gemüsehändlern be- kommen Sie meist die dicken Mangoldstauden mit den fleischigen weißen Stielen und den intensiv grünen, länglichen Blättern.

PAPRIKAFLOCKEN

Getrocknete und gemahlene Schoten von Gewürzpaprika sind aromatischer als das Pul- ver und einfacher zu dosieren. Paprikaflocken gibt es im Glas in türkischen Supermärkten.

SHERRYESSIG

Ein Edelessig, zum Abschmecken und Verfei- nern von Dressings und Saucen. Er reift in Holz- fässern, was ihm sein rundes Aroma verleiht. Der beste Sherryessig kommt aus Spanien. Sie erhalten ihn in fast jedem Supermarkt.

TOFU

Das fettarme quarkähnli- che Lebensmittel aus gel- ben Sojabohnen gehört zu den typischen Zuta- ten der vegetarischen Küche. Tofu schmeckt neutral und kommt des- halb mit aromatischen Zutaten und viel Würze am besten zur Geltung.

ZUCCHINI

Die kleinen Kürbisse sind ein besonders ein- fach zu verarbeitendes Gemüse, das man nur waschen und vom Stiel- ansatz befreien muß. Aufgrund seines relativ neutralen und milden Geschmacks harmoniert es mit fast allen Lebens- mitteln. Eine Delikatesse im Sommer sind gefüllte, fritierte Zucchiniblüten.

KÜCHEN-LEXIKON

Beim Zubereiten von Getränken tauchen ab und zu spezielle Begriffe und Zutaten auf – hier werden die wichtigsten von A bis Z erklärt.

ANGOSTURA
Ein Bitteraroma mit Kräuterauszügen. Es schmeckt sehr intensiv, daher sollte man es vorsichtig dosieren! Ursprünglich aus Venezuela, wird es heute meist in Trinidad hergestellt.

COCKTAILKIRSCHE
Ein beliebter roter Farbklecks am Cocktail- oder im Longdrinkglas sind in Zuckersud eingelegte Kirschen. Das angebrochene Glas im Kühlschrank aufbewahren und rasch verbrauchen.

COCKTAILSPIESSE
Darunter versteht man kleine Spieße aus Kunststoff oder Metall zum Aufspießen von

Früchten, Kräutern oder frischen Gemüsestückchen. Ein guter Ersatz sind Zahnstocher.

FRUCHTSAFT
Orangen und Grapefruits schmecken am besten frisch gepreßt. Für den schnellen Drink gekauften Saft verwenden, dabei Saft aus 100 Prozent Fruchtsaft ohne Zuckerzusatz kaufen. Ausnahme: Säfte aus Tropenfrüchten, etwa Ananas oder Maracuja, sie sind immer mit Zucker oder Süßstoff versetzt.

FRUCHTSIRUP
Er verleiht Drinks einen besonders fruchtigen Geschmack, Farbe und Süße. Am häufigsten verwendet wird der rote Grenadinesirup, ein Saftkonzentrat aus dem Granatapfel. Auch beliebt: Mango-, Maracuja- und Ananassirup. Sirup mit Konservierungsstoff hält sich geöffnet ungekühlt, ohne Zusatzstoffe muß er auf jeden Fall in den Kühlschrank.

GLAS
In der Bar hat jeder Drink sein spezielles Glas – im Haushalt gilt folgendes: Mit Cola, Fruchtsäften, Milch usw. aufgefüllte Drinks in großen, hohen Gläsern servieren, konzentrierte Drinks in

Cocktail- oder Sektschalen, ganz heiße Drinks am besten in hitzefesten Gläsern.

KOKOSCREME
Dickflüssige Masse, gewonnen aus dem weißen Kokosfleisch. In Asienläden in Dosen als Coconut-Cream, meist gesüßt, angeboten. Reste in ein Glas mit Twist-off-Deckel umfüllen, sie halten sich bis zu 3 Wochen im Kühlschrank. Oder die Creme in kleinen Plastikbehältern tiefgefrieren und bei Bedarf auftauen lassen.

TIPS RUND UM DAS EIS
Immer schön cool bleiben – so servieren Sie Drinks eiskalt:

Eiswürfel bereiten
Sorgen Sie rechtzeitig für genügend Eiswürfel. Praktisch für die Bereitung von größeren Mengen sind spezielle Eiswürfelbeutel aus Plastik.

Eiswürfel zerstoßen
Zerstoßenes Eis kühlt das Getränk, vergrößert sein Volu-

men und sieht schön aus. Die schnellste Lösung: Barmixer oder Eismühle (Ice-Crusher). Etwas aufwendiger: das Eis in einem Tuch mit einem Fleischklopfer oder Nudelholz zerkleinern.

Phantasie-Eiswürfel
So kommt Farbe und Geschmack in die Eiswürfel: Das Wasser mit Fruchtsaft oder -sirup färben und in Plastikeisbeutel oder Eisschalen füllen. Dekorativ: Früchte, z. B. Kirschen, oder Kräuterblättchen, z.B. von Zitronenmelisse, in eine Eisschale legen, mit Wasser auffüllen und tiefgefrieren.

DIE BAR-UTENSILIEN

Wer häufig mixt, sollte sich das wichtigste Zubehör zulegen oder schenken lassen, ansonsten kann man auch improvisieren.

Meßbecher

Er ist wichtig zum exakten Abmessen der verschiedenen Flüssigkeiten. Kleine Meßbecher mit einer ml-Skala sind ideal. Auch Schnapsgläschen mit einer 2-cl- oder 4-cl-Eichung eignen sich. 1 cl sind 10 ml, dies entspricht etwa 1 Eßlöffel.

Shaker

Für das fachgerechte Schütteln der Zutaten benötigen Sie einen Shaker, ein zweiteiliges Gefäß aus Metall, meist mit integriertem Sieb zum Ausgießen. Es soll die Eiswürfel zurückhalten. Der Shaker sollte nicht zu klein sein, dann können 2 Drinks auf einmal geschüttelt werden. Als Ersatz dient ein großes Glas mit Schraubverschluß.

Mixer

Zum Pürieren von Früchten und Mischen von Getränken. Ebenfalls geeignet: Küchenmaschine oder Stabmixer. Barmixer, auch Blender genannt, oder Küchenmaschinen mit Spezialmesser können Eis zerkleinern.

Sieb

Ein spezielles Spiralsieb, auch Strainer genannt, hält beim Abseihen aus dem Shaker in das Glas oder in die Schale die Eiswürfel zurück. Wer improvisiert, gießt die Flüssigkeit durch ein unbenutztes Teesieb.

Kokosmilch oder Kokos im Block sind für Drinks nicht geeignet, beide setzen sich ab.

LIMETTEN

Die kleinen grünen Zitrusfrüchte liefern besonders viel Saft und haben einen besonders feinen säuerlichen Geschmack. Ihre Schale ist immer unbehandelt.

MANDELSIRUP

Er verleiht Drinks eine feine Nuance von Bittermandel. Sie können ihn auch durch Zuckersirup mit einigen Tropfen Bittermandelaroma ersetzen.

ORANGENLIKÖR

Die Schalen von tropischen Bitterorangen verleihen das feine Aroma. Orangenlikör ist auch als Triple Sec oder Curaçao im Handel.

RUM

Weißer Rum ist leicht, mild und trocken. Brauner Rum hat einen volleren Geschmack. Beide werden aus Zuckerrohr, vorwiegend in der Karibik, gewonnen. Zum Flambieren eignet sich nur hochprozentiger brauner Rum.

TEQUILA

Das Nationalgetränk der Mexikaner wird aus Agavensaft hergestellt. Weißer Tequila schmeckt frisch, brauner Tequila nach der Faßlagerung schwer und etwas rauchig.

WHISKY

Man unterscheidet zwischen schottischem – dem Scotch Whisky, irischem – dem Irish Whiskey und amerikanischem – dem sogenannten Bourbon Whiskey.

WODKA

Das Destillat aus Getreide oder Kartoffeln hat einen neutralen Geschmack und bietet sich daher für zahlreiche Longdrinks und viele Cocktails an.

ZUCKERSIRUP

Gibt es aus Rohrzucker in Flaschen zu kaufen. Oder Sie bereiten ihn selbst aus Haushaltszucker zu. Dafür 250 g Zucker mit ¼ l

Wasser in einem Topf erhitzen, bis sich der Zucker aufgelöst hat. Dann abkühlen lassen und in ein Glas mit Schraubverschluß füllen. Der Sirup hält sich bei Zimmertemperatur einige Wochen. Profis verwenden Barsirup. Ihn erhalten Sie im Fachhandel oder in der Spirituosenabteilung von gutsortierten Supermärkten.

ℛEZEPTREGISTER

Impressum

Redaktion: Förstner & Knophius GmbH
Rezepte: Annette Heisch
Illustrationen: Rita Mühlbauer

Bildnachweis
Alle Titel- und Rezeptfotos:
Meister Verlag/International Masters Publisher B.V.
Harry Bischof, Michel Brauner, Dorothee Gödert, Ulrich Kerth
Einleitung: 4 oben Bilderberg, W. Kunz; 4 unten Schapowalow, Nacivet;
4/5 oben The Image Bank, P. Turner; 4/5 unten Bavaria; 5 oben Schapowa-
low, Cora; 5 Mitte Bavaria; 5 unten The Image Bank, W. Bibikow
Fotos zu den »Typisch-Abschnitten«: 6 Mauritius, Hages; 9 Bilderberg,
T. Soriano; 10 Bilderberg, Kallay; 12 The Image Bank, G. Rossi; 14 Mauritius,
AGE; 18 Look, H. Dressler; 21 Bilderberg, P. Ginter; 22 Mauritius, MacLaren
Inc.; 24 Mauritius, Fritz; 26 AllOver, U. Mensing; 28 Bilderberg, M. Horacek;
31 Okapia; 32 Schapowalow, Scholz; 34 Mauritius, AGE; 38 Bilderberg, W.
Kunz; 41 Schapowalow, Holm; 42 Bilderberg, Ellerbrock & Schafft; 44 Mau-
ritius, Villiger; 46 Mauritius, Rossenbach; 49 Schapowalow, Rosenfeld; 50
The Image Bank, Okon, 52 AllOver, M. Rügner; 54 Bilderberg, Francke; 56
Schapowalow, Atlantide; 58 Mauritius, AGE; 61 The Image Bank

Copyright © Meister Verlag GmbH, München
Reproduktionen: Meyle+Müller Medien-Management,
75172 Pforzheim
Druck und Weiterverarbeitung: Sebald Sachsendruck, Plauen

ISBN 3-88477-037-3